LEITURAS LITERÁRIAS:
DISCURSOS TRANSITIVOS

Aparecida Paiva
Aracy Martins
Graça Paulino
Zélia Versiani
(Orgs.)

LEITURAS LITERÁRIAS:
DISCURSOS TRANSITIVOS

2ª edição
1ª reimpressão

Ceale* Centro de alfabetização, leitura e escrita
FaE / UFMG

autêntica

Copyright © 2005 Centro de Alfabetização, Leitura e Escrita (Ceale)

Todos os direitos reservados pela Autêntica Editora. Nenhuma parte desta publicação poderá ser reproduzida, seja por meios mecânicos, eletrônicos, seja via cópia xerográfica, sem a autorização prévia da editora.

PROJETO GRÁFICO DA CAPA
Julia Elias e Marco Severo

CONSELHO EDITORIAL DA COLEÇÃO LINGUAGEM & EDUCAÇÃO
Antônio Augusto Gomes Batista (coord.), Ana Maria de Oliveira Galvão, Artur Gomes de Morais, Ceris Salete Ribas da Silva, Jean Hébrard, Luiz Percival Leme Brito, Magda Soares, Márcia Abreu, Vera Masagão Ribeiro

CONSELHO EDITORIAL DA SÉRIE LITERATURA & EDUCAÇÃO
Aparecida Paiva, Graça Paulino, Magda Soares, Regina Zilberman, Anne Marie-Chartier

REVISÃO
Rosemara Dias dos Santos
Vera Simone de Castro

L533 Leituras literárias: discursos transitivos / Aparecida Paiva, Aracy Martins, Graça Paulino, Zélia Versiani (organizadoras). – 2 ed.; 1. reimp. – Belo Horizonte : Ceale ; Autêntica Editora, 2014.

208 p. – (Coleção Literatura e Educação)

ISBN 978-85-7526-175-0

1. Literatura – estudo e ensino. 2. Leitura – estudo e ensino. I. Paiva, Aparecida. II. Martins, Aracy. III. Paulino, Graça. IV. Versiani, Zélia. V. Título. VI. Coleção.

CDD – 372.4

Catalogação da Fonte : Biblioteca da FaE/UFMG

 GRUPO **AUTÊNTICA**

Belo Horizonte
Rua Aimorés, 981, 8º andar . Funcionários
30140-071 . Belo Horizonte . MG
Tel.: (55 31) 3214 5700

Televendas: 0800 283 13 22
www.grupoautentica.com.br

São Paulo
Av. Paulista, 2.073, Conjunto Nacional,
Horsa I . 23º andar, Conj. 2301 . Cerqueira
César . 01311-940 . São Paulo . SP
Tel.: (55 11) 3034 4468

ÍNDICE

APRESENTAÇÃO
Leituras literárias: discursos transitivos
Aracy Martins
Zélia Versiani... 07

INTRODUÇÃO
Ler, verbo transitivo
Magda Soares... 29

LITERATURA E EDUCAÇÃO

Capítulo 1
Poesia e indiferença
Haquira Osakabe.. 37

Capítulo 2
Algumas especificidades da leitura literária
Graça Paulino.. 55

MEDIAÇÕES EM ESPAÇOS DE LEITURA

Capítulo 3
Literatura, leitura e escola. Uma hipótese de trabalho para a construção do leitor cosmopolita
Maria de Lourdes Dionísio... 71

Capítulo 4
Da "leitura literária escolar" à "leitura escolar de/da literatura": poder e participação
António Branco 85

Capítulo 5
Discursos da paixão: a leitura literária no processo de formação do professor das séries iniciais
Aparecida Paiva
Francisca Maciel 111

Capítulo 6
Que leitores queremos formar com a literatura infantojuvenil?
Anne-Marie Chartier 127

Capítulo 7
Literatura e livro didático no ensino médio: caminhos e ciladas na formação do leitor
Egon Rangel 145

LITERATURA, HISTÓRIA, MEMÓRIA, FORMAÇÃO DE LEITORES

Capítulo 8
Memória entre oralidade e escrita
Regina Zilberman 165

Capítulo 9
"É de menino que se torce o pepino": antologia e formação do leitor
Ivete Walty 185

Os autores 201

Apresentação

LEITURAS LITERÁRIAS: DISCURSOS TRANSITIVOS

Aracy Martins
Zélia Versiani

Leituras literárias

> *Quero saltar para a água*
> *para cair no céu.*
> Neruda, Crepusculário

> *...era uma chuvinha suspensa,*
> *flutuando entre o céu e a terra* [...]
> Mia Couto, A chuva pasmada

Realidades como essas trazidas pelas epígrafes, em poesia ou em prosa poética, são similares àquelas narrativas que se irmanam com uma *terceira margem do rio* de Guimarães Rosa, ou com *uma pedra no meio do caminho*, de Drummond, ou com uma *felicidade clandestina*, de Clarice Lispector, ou com *a terra dos meninos pelados*, de Graciliano Ramos, ou com *o Sítio do Picapau Amarelo*, de Lobato, ou com *o cavaleiro da triste figura,* de Cervantes, ou com uma *viagem ao centro da Terra,* de Júlio Verne, ou com o *mar português*, de Fernando Pessoa, ou com *a revolução dos bichos*, de George Orwell, em que seres humanos se veem enredados por cenas, episódios, usos poéticos de palavras cotidianas que passam a figurar em mundos interiores e imaginários.

Com efeito, a literatura cria esses e outros mundos? Nas palavras de Compagnon, ao tratar da "ilusão referencial", o dilema entre natureza e cultura existia desde Aristóteles, que escrevia, no início do Capítulo IX da *Poética*: "O papel do poeta é dizer não o que ocorreu realmente, mas o que poderia ter ocorrido na ordem do verossímil ou do necessário", sendo o verossímil uma convenção ou um código partilhado, através do texto, pelo autor e pelo leitor. Sob essa concepção, a ação do autor não somente transita, mas, sobretudo, pressupõe a ação do outro sobre o texto produzido, para que este seja assumido como literatura pelo leitor, com base em seu contexto, em sua cultura, em sua visão de mundo, na linguagem e na circulação social dos textos.

E que leitor será esse? Muito se tem discutido sobre a literatura como refém apenas da burguesia, pelas possibilidades que tem essa classe social de ócio e de acesso aos bens culturais da sociedade. Registram-se, no entanto, em obras dos estudiosos da História da Cultura Escrita, episódios que contam a história de homens do povo, trabalhadores, nem sempre letrados, em sua relação com textos literários. Castillo Gómez (2004, p. 16, 61-62), após ter se reportado aos textos da Grécia clássica que representavam realidades e situações que transitam entre a crescente presença da cultura escrita e as marcas indeléveis da tradição oral, em capítulo intitulado "O despertar dos leitores", procura explicar o avanço oitocentista da comunicação escrita através de vários fatores. Arrolam-se entre eles: o desenvolvimento da alfabetização, apesar das profundas desigualdades, o alargamento da escola pública, uma pequeníssima redução da jornada laboral operária, melhoramentos tecnológicos derivados da revolução industrial, além daqueles fatores de menor impacto como novos métodos educativos, particularmente o ensino integrado da escrita e da leitura, a introdução de jogos, dos alfabetos ilustrados e de outros recursos pedagógicos, tal como a elaboração de autênticos *livros escolares*. Tratando da ampliação sociológica do público leitor de obras, para além dos jovens e das mulheres, o autor apresenta o relato, nesse capítulo, de Ramiro de Maeztu, que foi leitor numa fábrica de tabacos em Havana, nos finais do século XIX:

> Enquanto os operários enrolavam os charutos, num salão de atmosfera asfixiante, o cronista lia-lhes durante quatro horas por dia livros, por vezes de propaganda social, outras vezes romances, outras, obras de filosofia e de vulgarização científica [...] porque os tabaqueiros – não os patrões – pagavam diretamente ao leitor o que queriam.
>
> Um dia, mal começou a ler, reparou que alguns ouvintes largavam o trabalho para escutar melhor e, poucos minutos depois, não voltou a ouvir-se nem o estalido seco das cavilhas a cortar as pontas do tabaco. Nas duas horas que durou a leitura não se ouviu uma tosse nem ruídos. Os quatrocentos homens presentes no salão ouviram todo o tempo com a respiração suspensa. Era em Havana, em pleno trópico, e o público compunha-se de negros, de mulatos, de crioulos, de espanhóis, muitos nem sequer sabiam ler, outros eram "ñáñigos".[1] Que obra poderia emocionar tão intensamente aqueles homens? *Hedda Gabler*, o maravilhoso drama de Ibsen. Durante duas horas, aqueles homens viveram a vida daquela mulher, demasiado enérgica para suportar a respeitabilidade e o tédio, e demasiado cobarde para aventurar-se na boémia e na incerteza [...] Nunca Ibsen desfrutou de um público tão devoto e atento na Cristandade.[2]

Instaura-se nesse episódio uma imagem de leitura diferente daquelas a que estamos acostumados, mudando-se o estatuto: de individual para coletivo, de burguesia para classe operária, de ócio para trabalho, entre outros aspectos, mas não se muda o interesse e o envolvimento do leitor pela narrativa, à moda, por exemplo, da literatura de cordel, na Idade Média ou no nordeste brasileiro, mas com uma diferença: os ouvintes valorizam de tal forma o ofício do leitor que lhe contratam o serviço.

---

[1] Termo usado para designar uma "sociedade secreta de negros na Ilha de Cuba". Cf. *Diccionario de la lengua española*. 20. Edición. Madrid: Real Academia Española, 1984, v. 2, p. 964.

[2] Ramiro de Maeztu – *Autobiografia*. Madrid: Editora Nacional, 1962, p. 59-60 *apud* Castillo Gómez, op. cit. p. 63.

Nesse sentido, assim diria Benjamin (1992, p. 32), a propósito da experiência literária dos próprios ouvintes/leitores de um romance, conquanto representante do gênero literário:

> O narrador vai colher aquilo que narra à experiência, seja própria, seja relatada. E transforma-a por vezes em experiência daqueles que ouvem a história. No meio da plenitude da vida e através da representação dessa plenitude, o romance exprime a profunda perplexidade de quem a vive.

A existência da especificidade do discurso literário é uma discussão que se instalou, a partir dos anos 70, polêmica devidamente analisada por Compagnon, considerando que os textos de ficção utilizam os mesmos mecanismos referenciais da linguagem não ficcional para referir-se a mundos ficcionais considerados como mundos possíveis, a depender do pacto ficcional, que o autor propõe e o leitor assume:

> Examinei até aqui as duas teses extremas sobre as relações entre literatura e realidade. Relembro-as, cada uma, por uma frase: segundo a tradição aristotélica, humanista, clássica, realista, naturalista e mesmo marxista, a literatura tem por finalidade representar a realidade, e ela o faz com certa conveniência; segundo a tradição moderna e a teoria literária, a referência é uma ilusão, e a literatura não fala de outra coisa senão de literatura. (Op. cit., p. 114)

Tal é a sua convicção sobre o pacto ficcional que, mais ao final da obra, o próprio Compagnon registra certa inevitabilidade da experiência literária, em decorrência da atuação de leitores ordinários, denominados pelo autor de "ledores", incapazes de serem anulados, nesse contexto:

> É certo que o autor está morto, a literatura não tem nada a ver com o mundo, a sinonímia não existe, todas as interpretações são válidas, o cânone é ilegítimo, mas continua-se a ler biografias de escritores, a identificar-se com os heróis dos romances; seguem-se com curiosidade as pegadas de Raskolnikov pelas ruas de São Petersburgo, prefere-se *Madame Bovary* a *Fanny*, e Barthes mergulhava deliciosamente em *O Conde de Monte-Cristo* antes de dormir. É por isso que a teoria não pode sair vitoriosa. Ela não é capaz de anular o ledor. (p. 258)

Se existe um texto produzido que pressupõe tal envolvimento, individual ou coletivo, mas com alto grau de subjetividade, existe então uma multiplicidade de leituras literárias de um mesmo texto, a depender de como cada leitor se envolveu emocional e esteticamente, ancorado em suas experiências éticas e estéticas, culturais, portanto?

Então, como lidar com a leitura literária? Quem haveria de lidar, senão os próprios "ledores"? Por quê? A palavra leitura se aproxima do espaço escolar, do domínio educacional, por seu pertencimento ao campo do letramento, da aprendizagem, do desenvolvimento e dos usos da leitura e da escrita.

A palavra "literária", na expressão leitura literária, não parece, no entanto, ter muita aproximação com os tempos e os espaços escolares, em virtude de certo grau de ruptura, de desafio, de multiplicidade que a manifestação artística suscita. A "escolarização da literatura", se é inevitável (SOARES, 1999), foi sempre conflituosa.

Tradicionalmente, o texto literário tinha primazia; era considerado o texto por excelência a ser estudado na escola. As antologias e, posteriormente, os livros didáticos eram constituídos, fundamentalmente, de excertos de literatura, tidos como exemplos a ser imitados pelos alunos, tanto como uso linguístico quanto como conteúdo ético, estético e, muitas vezes, moral.

Se a literatura tinha primazia na escola, com esse tom de exemplaridade, nesse incômodo lugar entre o discurso instrucional (BERNSTEIN, 1996) e o discurso estético, as atividades para se aferir a leitura constavam, invariavelmente, de exercícios escritos, não somente para o aluno provar se sabia ler e escrever, mas também se tinha compreendido a [única] "mensagem" e se sabia explicá-la. Nesse sentido, o próprio Benjamin (1992, p. 34) procura valorizar o modo de narrar e os diversos modos de interpretar, desmontando modos tradicionais de apreensão da narrativa literária:

> Cada manhã somos informados sobre o que acontece em todo o mundo. E, no entanto, somos tão pobres em histórias

maravilhosas! Isto, porque nenhum acontecimento nos chega que não esteja impregnado de explicações. Por outras palavras, quase nada do que acontece é favorável à narrativa e quase tudo o é à informação. Pode considerar-se já meia arte do narrar a reprodução de uma história isenta de explicações. O leitor tem a liberdade de interpretar as coisas como as entende e, desse modo, os temas narrados atingem uma amplitude que falta à informação.

As explicações, que substituíam o espaço da leitura subjetiva que o leitor poderia produzir e manifestar, não se davam, entretanto, apenas no âmbito do conteúdo, mas se dirigiam, nas propostas dos livros didáticos, nos exercícios realizados nos cadernos escolares, para o campo das análises – morfológica, semântica, ou sintática – cabendo aos alunos, após a leitura de um texto, a tarefa de classificar as palavras ou expressões quanto às classes gramaticais, ou a tarefa de preencher listas intermináveis de sinônimos, buscando termos no dicionário, mesmo em se tratando de neologismos, como os de Guimarães Rosa,[3] ou a tarefa de classificar termos da oração de versos de sintaxe complexa, como em *Os lusíadas*. Esvaziavam-se, assim, as possibilidades discursivas de partilhamento de leitura dos textos, literários (em sua maioria) ou não.

Nos tempos atuais, fazendo um questionamento de como esses processos se desenrolavam na escola, vários pesquisadores, dedicados ao ensino de língua materna, ora das

---

[3] Como procurar no dicionário, por exemplo, palavras que ganham sentido especial no co(n)texto, pela intencionalidade do discurso? Como classificar esses pronomes que aparecem na fala da mãe, senão discursivamente? *Sem alegria nem cuidado, nosso pai encalcou o chapéu e **decidiu** um adeus para a gente. Nem falou outras palavras, não pegou matula e trouxa, não fez alguma recomendação. Nossa mãe, a gente achou que ela ia esbravejar, mas persistiu somente **alva de pálida**, mascou o beiço e bramou: – "cê vai, ocê fique, você nunca volte!" Nosso pai **suspendeu** a resposta. Espiou manso para mim, me **acenando** de vir também, por uns passos. Temi a ira de nossa mãe, mas obedeci, **de vez de jeito**.*
ROSA, J. Guimarães. A terceira margem do rio. In: *Primeiras estórias*. Rio de Janeiro: Nova Fronteira, 1985.

Faculdades de Letras, ora das Faculdades de Educação, nessa difícil interseção entre Linguagem e Educação, em vários países, vêm registrando as suas inquietações em busca de modos mais adequados de escolarização da literatura:

> Se a literatura oferece uma maneira articulada de reconstruir a realidade e de gozar esteticamente dela em uma experiência pessoal e subjetiva, parece que o papel do professor deveria ser, principalmente, o de provocar e expandir a resposta provocada pelo texto literário e não, precisamente, o de ensinar a ocultar a reação pessoal através do rápido refúgio em categorias objetivas de análise, tal como sucedia habitualmente no trabalho escolar. (COLOMER, 1996, p. 131)

Seria possível hoje um movimento em busca de uma postura de mediação que valorize a autonomia dos diferentes leitores? Essa é a questão que focalizaremos a seguir.

O que se aprende com a literatura na escola

A literatura sempre fala alguma coisa a qualquer pessoa.

Antonio Candido

Nas mediações escolares de leitura literária, muitas vezes se observa a perda de elos entre as instâncias do conhecimento no prazer e o prazer no conhecimento, perda que pode ser percebida tanto nos documentos oficiais, que, ao prescreverem orientações, deixam indicadores do atual quadro do ensino da literatura que tornam visíveis tendências do que acontece na escola, como na observação do que ocorre nas práticas escolares de leitura literária.

Os PCN do primeiro segmento do Ensino Fundamental,[4] por exemplo – como se sabe, documento de orientação curricular de grande alcance e importância para a escola brasileira –, reconhecem especificidades da leitura literária,

---

[4] Parâmetros Curriculares Nacionais: língua portuguesa/Secretaria de Educação Fundamental – Brasília: 1997.

dentro daquilo que amplamente entendemos como a construção escolar do conhecimento. Segundo o documento, o texto literário é "uma forma de conhecimento" que possui *propriedades compositivas que devem ser mostradas, discutidas* e consideradas na leitura. A primeira caracterização dessa *forma específica de conhecimento* (1997, p. 37), dada pela sua relação com a realidade, estabelece-se no plano do imaginário, num arranjo que se propõe com relativa autonomia quando confrontado com o real. Relativa autonomia porque a linguagem disputa com o real outras possibilidades de existir, e de pensar a existência do mundo e de outros mundos.

Em quatro pequenos parágrafos, expõem-se essas *especificidades*, arrematadas pela orientação do que não deve ser feito, na escola, baseia-se na leitura desse tipo de texto:

> [...] é possível afastar uma série de equívocos que costumam estar presentes na escola em relação aos textos literários, ou seja, tratá-los como expedientes para servir ao ensino das boas maneiras, dos hábitos de higiene, dos deveres do cidadão, dos tópicos gramaticais, das receitas desgastadas do "prazer do texto", etc. (p. 37)

Tais "equívocos" parecem avessos à formação para a sensibilidade que a literatura permitiria. Podemos analisá-los como generalizações que não decorrem de uma experiência estética com o texto literário, embora possam servir a finalidades para o desenvolvimento da capacidade de compreensão na escola. Podemos ainda dizer que só é possível se chegar a generalizações tão redutoras se os textos forem destituídos de qualquer valor literário, e aqui não estamos nos referindo a livros paradidáticos.

No quadro de generalizações dos PCN, revelador de práticas escolares de leitura literária, percebemos duas tendências antagônicas: uma voltada para o ensinamento orientador de condutas; outra para a liberdade irrestrita na leitura, caracterizada como *receitas desgastadas do "prazer do texto"* (p. 37). Dicotomias tais como utilidade/gratuidade, univocidade/plurivocidade, objetividade/subjetividade, entre outras, sempre acompanharam estudos sobre o ensino da literatura e seus conflitos com os sistemas escolares, e essas polarizações podem ter contribuído para a legitimação de propostas contrárias à formação do leitor, quando transpostas das teorias às práticas. Quando vale o primeiro elemento do binômio, ou seja, *utilidade, univocidade, objetividade*, estamos inscritos na tradição escolar que busca evitar riscos que a literatura eventualmente possa trazer para o *seio da escola*. Quando vale o segundo elemento do binômio – *gratuidade, plurivocidade, subjetividade* –, considerado com radicalismo, ocorre o esvaziamento da noção de prazer, fazendo com que as pessoas passem a entender o "prazer do texto" como a ausência absoluta de intervenções escolares ou de procedimentos mediadores. Essa atitude de respeito ao que se entendia por prazer não considera, portanto, que é necessário o desenvolvimento de algumas habilidades ligadas à percepção linguística do texto ficcional e poético, em todas as suas dimensões, para que se alcance a nova ordem que se instaura com a literatura.

Quando se observam as preferências literárias dos alunos no ambiente escolar, pode-se chegar à formulação de algumas categorias orientadoras do processo de escolhas. Com o objetivo de transitar entre prescrições e práticas, em seguida, mostraremos algumas dessas categorias observadas em uma escola que desenvolve um projeto de leitura literária com seus alunos (MACHADO, 2003).

Entre os procedimentos de escolha dos alunos em ambiente de leitura escolar, destaca-se a evidência contemporânea de autor nacional, categoria que inclui autores que conseguem, de tempos em tempos, tornar a autoria, aliada a determinados modelos de produção, elemento orientador das escolhas dos leitores de dada geração. Alguns escritores da literatura denominada "infantojuvenil" têm-se mostrado aptos a cumprir esse papel, em sintonia com o interesse de meninos e meninas, em histórias fáceis, que agradam os jovens da comunidade de leitores, observada quase como unanimidade eletiva. Em segundo lugar, aparece a categoria "fenômeno do mercado editorial do ano ou de anos anteriores". Trata-se da preferência por livros que aparecem de tempos em tempos (principalmente livros estrangeiros), cercados por uma série de incentivos que favorecem a sua recepção pela via da necessidade do consumo e da informação típica da sociedade contemporânea, que cria disposições propícias nos leitores suscetíveis às artimanhas de marketing peculiares à produção. As obras canônicas da literatura escrita para jovens, como as de Monteiro Lobato, embora em menor proporção, compareçam, e dessa categoria fazem parte aqueles livros que exigem maior incentivo por parte dos professores, pelo fato de se distanciarem no tempo e, por isso, necessitarem de uma intensificação dos processos de mediação que favoreçam a aproximação da linguagem em relação com o seu contexto de produção, hoje estranha para os leitores. Livros da literatura para adultos passíveis de apropriação por jovens constituem categoria na qual aparecem os livros que não trazem o rótulo do seu destinatário, mas que são incluídos nas listas e nas escolhas dos leitores por fazerem parte das bibliotecas (escolar e/ou de classe) da escola. E, por fim, a literatura infantojuvenil não lançamento, categoria em que se inserem os livros que foram escritos para crianças e jovens, segundo padrões orientadores da literatura infantojuvenil, que compreendem aqueles que se encontram naquela seleção por motivos que se ligam aos projetos escolares.

 Anne Marie Chartier utiliza interessante metáfora culinária, quando discute o discurso sobre a leitura que pressupõe *a necessidade de procurar o prazer a todo custo*, na distinção entre o que denomina *leituras de formação* e *leituras de prazer imediato*:

> Se se deseja formar o gosto de alguém para a leitura, não se pode oferecer o prazer imediatamente e todo o tempo, todo mundo sabe disso. Na França, quando se trata de formar o

gosto dos jovens em matéria de culinária, pode-se pensar que vale a pena lutar contra o estilo "Mac Do".⁵

Ela afirma que aquilo que se chama *"formar o gosto é uma aprendizagem cultural"* e, retomando a metáfora, continua: *Alguns aromas podem ser muito sutis para os paladares habituados aos gostos sem surpresa do "Mac Do" e da Coca-Cola* (CHARTIER, 1999, p. 18-19).

Tal reflexão aponta para duas questões aí envolvidas: do ponto de vista dos discursos sobre a leitura, pautados no prazer, a primeira sugere um prazer que se localiza no texto à espera do leitor, e sabemos o quanto tal pressuposição afasta da literatura grande parte dos leitores por *"produzir processos rigorosos de seleção"* (PAULINO, 1990, p. 4); a segunda se refere ao prazer imediato dado pelo reconhecimento daquilo de que se gosta facilmente, o prazer nesse caso advém, então, da interação, para a qual pesa a experiência já conhecida do leitor, daí a pertinência da imagem culinária.

As diferentes ações que se observam na escola parecem estar direta e visivelmente ligadas às representações da leitura literária que se constroem no meio social. As representações da leitura, aqui entendidas como o conjunto de concepções, crenças e valores que engendram modos de ler, oscilam para o polo da leitura literária como bem que se preserva, ou da leitura literária como bem cultural que se deve possuir. A escola se apresenta como potencial polo disseminador de uma cultura literária, rompendo seus limites e contribuindo em parte para o alargamento social da leitura (sabemos que são frequentes, por exemplo, casos de mães que leem os livros que os filhos levam para casa). As escolhas dos alunos mostram não só modos de os leitores se relacionarem com os livros nos contextos escolares como diferentes graus de

---

⁵ Tradução nossa com fase no original Quels lecteurs voulons-nous former avec la littérature de jeunesse? In: MERCIER-FAIVRE, Anne-Marie (Org.) *Enseigner la littérature – de jeunesse?* Lyon: Presses Universitaires, 1999. O artigo foi traduzido na íntegra para compor este volume.

dependência e de independência quanto às práticas escolares, evidenciando a importância de essas práticas se orientarem para a autonomia. Sabemos o quanto pesam os processos de escolarização da literatura, em mediações que se desenvolvem em sala de aula e em outros espaços da escola para muitos alunos, não só aqueles da escola pública. Sabemos também o quanto vale investir em práticas em torno da leitura literária que buscam uma escolarização adequada (SOARES, 1999, p. 47) desse tipo de leitura. Mas coloca-se uma nova e velha questão: como os processos de escolarização da literatura podem assegurar ou garantir uma ampliação das condições que definem o letramento literário dos diferentes grupos sociais para além de suas práticas? E o que parece mais importante: a escola tem condições para tanto?

Literatura não se ensina, aprende-se com ela. Mas, à medida que se aprende, é possível passar para outros um pouco daquilo que o prazer da leitura deixou em nós. Essa operação intersubjetiva equivale a outro aprendizado que é o de compartilhar modos de compreender a vida, o mundo, a existência, a identidade, a relação com o outro, não percebidos ainda. A leitura do texto literário possibilita que apenas uma palavra de conto, romance, novela ou poema, colocada em discurso pelo leitor, condense para ele próprio e para o outro essa experiência ímpar, porque única, mas que se quer par na partilha. Como exemplos de experiência literária irredutível, lembramos narrativas e poemas que nos incitam a buscar respostas para a palavra-pergunta: *felicidade?*, em que a busca, que suspeitamos infrutífera, passa a ser o que importa, na leitura ou na releitura.

Há aproximadamente dez anos,[6] em palestra proferida a professores, Antonio Candido falou sobre o ensino da

---

[6] A palestra foi transmitida em programa da TV Educativa, no dia 16 de dezembro de 1993. Alguns elementos sobre a função da literatura focalizados na palestra seriam retomados no texto O direito à literatura, no qual o autor enfatiza, "o poder humanizador da obra literária enquanto construção" (CANDIDO, 1995, p. 245).

literatura, que, para ele, se dá pela sua "força organizadora" que atua no subconsciente do leitor, mesmo para aquele aparentemente mais desinteressado. Tomamos aqui como motivo uma das frases do professor, que, para nós, resume uma condição para o ensino da literatura: "À medida que o professor ensina, ele se ensina a si próprio". A possibilidade de ensino da literatura liga-se, então, à condição de aprendiz de quem quer ensinar. Eleger essa frase e não outra para focalizar o ensino da literatura reforça o caráter transitivo da leitura e dos processos de mediação escolares que a propiciam. Processos nos quais o professor assume papel de destaque, ciente de que colocar-se nesse lugar exige, antes de tudo, saber por que ensina literatura. Tendo-se clareza disso, com certeza, abrem-se perspectivas de como ensinar. Nos debates com professores sobre o ensino da literatura, nem sempre se coloca essa condição de precedência do porquê em relação ao como. Talvez essa seja a principal razão de tantos desencontros entre leitura literária e escola.

Em se tratando de tais desencontros, estudos de pesquisadores ligados à área da Linguagem e Educação vêm denunciando como a escolarização da literatura (SOARES, 1999),[7] tanto nas mediações cotidianas de leitura como nas mediações estabelecidas com base no livro didático, desconsidera o que há de literário nos textos a ser interpretados e explorados pelos alunos, ao propor questões objetivas, estruturais e classificatórias.

Seria possível pensar nas possibilidades de rarefação dos graus de controle da mediação exercida pelos professores, e nas outras mediações escolares e extraescolares, principalmente em se tratando dos textos literários? Assim pergun-

---

[7] Cf. também, por exemplo, PAULINO; WALTY, 1994; LAJOLO, 1995; ZILBERMAN, 1999; PAIVA et al., 2003, por um lado, considerando a leitura literária. Por outro, considerando a mediação do livro didático, cf. ROJO & BATISTA, 2003; BATISTA; COSTA VAL, 2004; CASTRO, 1999; DIONÍSIO, 2000; RODRIGUES, 2000; MARTINS, 2005, por exemplo.

tamos, sobretudo por se tratar do trabalho interpretativo de textos cujos graus de incerteza são bem maiores do que os graus de certeza, que não podem ser tratados como "verdades inquestionáveis, consensuais" e que, por isso mesmo, são "susceptíveis de discussão, validação e refutação" (DIONÍSIO, 2000, p. 198), por parte dos sujeitos envolvidos no processo de produção/mediação/recepção. Ademais, a experiência com a obra literária, além do seu caráter pessoal e intransferível, traz consigo outra necessidade: a do partilhamento sem fronteiras.

Discursos transitivos

> Discursos, que sempre envolvem linguagem, envolvem mais do que linguagem propriamente.
> Um Discurso integra modos de falar, ouvir, escrever, ler, agir, interagir, acreditar, valorizar e sentir [...]
>
> (GEE, 2001, p. 719)[8]

A disposição desse livro é de partilhamento de discursos produzidos, em contextos diferenciados, em torno de uma questão central: a busca de possibilidades de formação e de atuação no campo da leitura literária.

As categorias e as terminologias utilizadas em cada texto vão demonstrar para os leitores o pertencimento de cada pesquisador convidado que, tomando por base suas vinculações acadêmicas, do seu campo de investigação, das suas experiências de formação e de atuação, de suas elaborações teóricas, vem procurando iluminar esse caminho difícil de ser trilhado. Em cada contexto[9], os questionamentos confluem para problemas comuns, por isso buscamos enfoques, pers-

---

[8] Tradução livre nossa.

[9] Além dos textos de autores brasileiros, que problematizam realidades bem diferentes (cf. Informações sobre a vinculação dos autores, no final do livro), temos neste livro um texto traduzido do francês e dois textos portugueses, escritos estes últimos na língua portuguesa de Portugal.

pectivas e saídas diferenciadas para melhor compreender a leitura literária.

Se um Discurso, com letra maiúscula, nas palavras de Gee (2001, p. 719), integra modos de falar, ouvir, escrever, ler, agir, interagir, acreditar, valorizar e sentir, ele o faz segundo uma "linguagem em uso", no interior de determinada "comunidade de práticas". São essas diferentes comunidades de práticas que configuram a abordagem assumida em cada texto que compõe este livro.

Na **Introdução,** o texto *Ler, verbo transitivo,* da pesquisadora Magda Soares, deflagrador da interação que se estabelece entre os diferentes textos deste livro, levanta inicialmente a questão, entre outras, relacionada aos discursos sobre os quais recai a leitura. Se é importante saber *se* os sujeitos de uma sociedade leem-se são letrados, se são competentes – também é importante investigar *por que* esses sujeitos leem, vinculado a *o que* leem – que objetos, que gêneros, que suportes, que conteúdos, que temáticas interessam a esses leitores, ressaltando que, qualquer que seja a opção, vai exigir determinadas estratégias de leitura e, certamente, vai construir diferentes habilidades, mais, ou menos, condizentes com aquelas demandadas pelas sociedades letradas. Segundo a autora, não se lê um manual de instalação de um aparelho de som da mesma forma e com os mesmos objetivos com que se lê o último livro de Saramago, por exemplo. Por isso é necessário "dar complemento ao verbo ler", quando se pretende avaliar a leitura, mas também, e sobretudo, quando se pretende desenvolver práticas sociais de leitura.

A primeira parte – **Literatura e Educação** – aponta equívocos que vêm acontecendo ao longo dos anos, nos processos de formação de sujeitos leitores, sejam eles alunos, sejam eles professores, formadores de outros leitores, nessa relação sempre tensa entre a linguagem estética e os processos educativos e instrucionais.

Haquira Osakabe, no ensaio *Poesia e indiferença*, trata inicialmente dos ganhos aparentes e das perdas reais produzidos por tendências relativistas dos estudos literários, que, em nome de uma ampliação do universo cultural, "destituíram um critério estético de valoração dos objetos". Em seguida, o autor aponta a falsa neutralidade de tempos ditos "pós-modernos", tempos de "relativização de contradições" e de "banalização de padrões éticos", que acentuam a condição de "confinamento moral e social dos excluídos". O percurso crítico do texto leva à importância da educação pela leitura da boa poesia, capaz de estimular a superação das desigualdades, em experiência renovadora na e pela linguagem.

O texto *Algumas especificidades da leitura literária*, de Graça Paulino, aponta inicialmente a complexidade inerente aos objetos diversificados das leituras, entre elas a literária, que, como as outras, requer habilidades de comunicação, de interação, além de exigir habilidades cognitivas. A autora pergunta: "Haveria legitimação hoje para que consideremos as habilidades de leitura literária *predominantemente* habilidades estéticas?" Sob a perspectiva de diferentes campos de discussão, entre os quais se destacam a teoria literária, a sociologia da leitura e algumas teorias da cognição, reforça-se a importância da transdisciplinaridade, na busca de respostas para a pergunta que orienta a reflexão da autora.

A segunda parte – **Mediações em Espaços de Leitura** – traz para a discussão dos leitores textos polêmicos, problematizando cada um, a seu modo, valendo-se das reflexões ensejadas em seu contexto.

Maria de Lourdes Dionísio, pesquisadora do contexto português, Norte de Portugal, faz, no texto *Literatura, leitura e escola: Uma hipótese de trabalho para a construção do leitor cosmopolita* uma análise significativa dos processos de formação de leitores, em suas dimensões estritamente operativas, culturais e críticas, optando por essa última, no sentido da formação de um leitor cosmopolita, ou seja, de um leitor que não seja reduzido a simples decodificador e usuário de textos, mas que, como um *insider* de ordens do discurso, no interior de comunidades de práticas, possa desenvolver capacidades "autoprotectivas" contra o trabalho regulador, comercial, político e ideológico levado a cabo pelas novas tecnologias de escrita e de difusão da informação e do conhecimento. A leitura literária contribuiria para esse leitor colocar em conflito as suas convicções, os seus gostos e os seus valores e os dos outros. Propõe ainda a pesquisadora que todos os textos estejam a serviço dos leitores, alunos ou professores, sem exclusões, nem comparações, na intenção de promover, em primeiro lugar, o sujeito, e não o livro ou a leitura.

O pesquisador António Branco, do Sul de Portugal, no texto *Da leitura literária escolar à leitura escolar de/da literatura: poder e participação,* contextualiza o que chama de orientação *literaturocêntrica* da educação escolar em língua materna, discurso que domina quase totalmente as aulas de Português em Portugal. O autor, adotando uma perspectiva à luz do entendimento das *literacias,* interroga o próprio conceito nos seus pressupostos teóricos e ideológicos e na sua concretização em contextos escolares. Em se tratando da leitura literária, segundo o pesquisador, o leitor de/da literatura será aquele que tem a oportunidade de vir a saber que ler textos literários é aprender a negociar a leitura e a adequá-la a contextos e finalidades, tomando, dessa forma, verdadeira posse do vasto patrimônio (de textos e de práticas de leitura) que lhe pertence.

As pesquisadoras Aparecida Paiva e Francisca Maciel focalizam as séries iniciais, em contexto brasileiro, apresentando uma experiência de formação significativa, realizada com alunos universitários do curso de Pedagogia da UFMG. Numa disciplina intitulada *Discursos da Paixão: Leituras Literárias,* em forma de seminários, professores, pesquisadores e escritores revelam autores e obras como suas paixões de leitura literária, desvelando modos de ler, de interpretar e de criar, com base na experiência estética, a fim de dialogar com trajetórias e repertórios de leitura dos alunos graduandos em formação.

A professora e pesquisadora Anne-Marie Chartier fala do seu contexto francês com propriedade, tematizando, em *Que leitores queremos formar com a literatura infantojuvenil?*, a formação de leitores infantis e juvenis através da produção literária e das mediações escolares e extraescolares. Reportando-se a pesquisas realizadas na França sobre as práticas de leitura das crianças e dos jovens, bem como a experiências das mediatecas, dos Centros de Documentação e do campo editorial francês, a pesquisadora estabelece uma relação entre essas instâncias e a instituição escolar, trazendo para discussão questões muitas vezes inconfessáveis como: as finalidades da literatura chamada infantil e juvenil e a sua relação com a "grande literatura", a formação do gosto, a relação nem sempre existente entre o amor pela leitura e o sucesso escolar, as escolhas e as partilhas de leitura, nem sempre coincidentes entre professores e alunos, lembrando que não podemos escapar da questão dos "clássicos para a infância e a juventude".

O professor Egon Rangel, tendo atuado como coordenador de processos de avaliação de livros didáticos, em programas governamentais brasileiros, discute o que o título sugere: *Literatura e livro didático no ensino médio: caminhos e ciladas na formação do leitor*, ciclo em que a literatura se torna disciplina escolar, baseando-se na mediação proposta pelo livro didático, seja em forma de manual, seja em forma de compêndio, proposta que poderá ser efetivada, ou não, pelo professor, segundo sua posição de mediador. O autor propõe que se reconheça um dos direitos linguísticos fundamentais dos leitores: experienciar a literatura e a leitura, com a liberdade que o texto literário demanda, para viver, depois dessa experiência, mais criticamente as urgências práticas do cotidiano.

A terceira parte – **Literatura, História, Memória, Formação de Leitores** – abrange textos que tratam da literatura segundo essas temáticas, focalizando os processos de produção, mediação, circulação e recepção de textos e livros. A pesquisadora Regina Zilberman apresenta, em *Memória entre oralidade e escrita*, um precioso construto teórico-histórico sobre a memória em vários momentos da História, por meio da retomada de importantes textos teóricos e literários que remontam a reflexões de pensadores da Antiguidade clássica sobre o assunto, até chegar à reflexão sobre *o tempo da escrita individual e do isolamento do leitor* que se instaura na modernidade. Nesse percurso, Walter Benjamin ganha relevância por suas discussões acerca da construção da narrativa em tempos de guerra e miséria, responsáveis pela perda da capacidade de narrar e pelo apagamento da memória. A pesquisadora mostra como a memória, origem da narração, muda de lugar na História, num movimento em que a escrita, pouco a pouco, toma o lugar da voz.

O texto *"É de menino que se torce o pepino": antologia e formação do leitor*, da pesquisadora Ivete Walty, relaciona-se tanto com o texto anterior, por se constituir em uma bem articulada exemplificação de memória de leitura, por uma professora que se debruça sobre a sua formação conquanto leitora, como com o texto da segunda parte, que discute a formação do leitor jovem. O cuidadoso estudo da antologia *Coração infantil*, de Vicente Peixoto, direcionada, nos anos 50, a alunos da quarta série primária, hoje correspondente à 4ª série do ensino fundamental, expõe, por meio da análise do jogo enunciativo implícito nos textos da coletânea, concepções de língua e literatura em sua relação com configurações de pátria e seus desdobramentos quanto a valores e constituição canônica, em um período da história de formação de leitores, no contexto da educação brasileira.

As questões abordadas nos textos deste livro certamente continuarão a instigar outras pesquisas, outros textos como estes, que, por sua vez, estarão produzindo novos discursos sobre a leitura literária, a escolarização da literatura, a formação de leitores, tendo sempre em vista a mais ampla democratização da leitura.

REFERÊNCIAS

BATISTA, Antônio Augusto G.; COSTA VAL, Maria da Graça (Orgs.). *Livros de alfabetização e de português: os professores e suas escolhas.* Belo Horizonte: Autêntica, 2004.

BENJAMIN, Walter. O narrador. Considerações sobre a obra de Nikolai Leskov. In: *Sobre arte, técnica, linguagem e política.* Tradução de Maria Amélia Cruz, Lisboa: Relógio D'Água, 1992.

BERNSTEIN, Basil. A construção social do discurso pedagógico. In: *A estruturação do discurso pedagógico: classe, códigos e controle.* Tradução de Tomaz Tadeu da Silva e Luís Fernando Gonçalves Pereira. Petrópolis: Vozes, 1996.

CASTILLO GÓMEZ, Antônio. *Das tabuinhas ao hipertexto: uma viagem na história da cultura.* Tradução de Manuela D. Domingos. Lisboa: Biblioteca Nacional, 2004.

CASTRO, Rui Vieira et al. *Manuais escolares: estatuto, funções, história* – Actas do I Encontro Internacional sobre Manuais Escolares. Centro de Estudos em Educação e Psicologia, Instituto de Educação e Psicologia, Universidade do Minho, 1999.

CHARTIER, Anne-Marie. Quel lecteurs voulons-nous former avec la littérature de jeunesse? In: MERCIER-FAIVRE, Anne-Marie (Dir.). *Enseigner la littérature – de jeunesse?* Lyon, Presses Universitaires de Lyon ("IUFM"), 1999.

COLOMER, Teresa. La didáctica de la literatura: temas y líneas de investigación e innovación. In: LOMAS, Carlos (Coord.) *La educación lingüística y literaria en la enseñanza secundaria.* Barcelona: ICE/HORSORI, Universitat de Barcelona, 1996.

COMPAGNON, Antoine. *O demônio da teoria: literatura e senso comum.* Tradução de Cleonice Paes Barreto Mourão. Belo Horizonte: Ed. UFMG, 1999.

COUTO, Mia. Il. Danuta Wojciechoska. *A chuva pasmada.* Lisboa: Editorial Caminho, 2004.

DIONÍSIO, Maria de Lourdes. *A construção escolar de comunidades de leitores*: Leituras do Manual de Português. Coimbra: Almedina, 2000.

GEE, James Paul. Reading as situated language: a sociocognitive perspective. *Journal of Adolescent & Adult Literacy.* 44: 8 May 2001.

LAJOLO, Marisa. Natureza interdisciplinar da leitura e suas implicações na metodologia do ensino. In: ABREU, Márcia (Org.). *Leituras no Brasil:* antologia comemorativa pelo 10º COLE. Campinas: Mercado de Letras, 1995.

MACHADO, Maria Zélia Versiani. A literatura e suas apropriações por leitores jovens. Belo Horizonte: Faculdade de Educação/UFMG, 2003. (Tese de doutorado) [Texto mimeo]

MARTINS, Aracy. Estratégias de leitura em manuais escolares de português. In: V*III Congresso Cenários da Educação/Formação: Novos espaços, culturas, saberes.* SPCE – Sociedade Portuguesa Ciências da Educação, 2005, Castelo Branco – Portugal, 2005 (no prelo).

NERUDA, Pablo. *Crepusculário.* Porto Alegre: L&PM Editores, 2004.

PAIVA, Aparecida *et al* (Orgs.). *Literatura e letramento: espaços, suportes e interfaces.* Belo Horizonte: Autêntica/CEALE, 2003.

PARÂMETROS CURRICULARES NACIONAIS: língua portuguesa/ Secretaria de Educação Fundamental. Brasília: 1997.

PAULINO, Graça. *Leitores sem textos.* Rio de Janeiro: UFRJ, 1990. (Tese de Doutorado) [texto mimeo]

PAULINO, Graça; WALTY, Ivete (Orgs.). *Teoria da literatura na escola: atualização para professores de I e II graus.* Belo Horizonte: Ed. Lê, 1994.

RODRIGUES, Angelina. *O ensino da literatura no ensino secundário. Uma análise de manuais para-escolares.* Lisboa: Instituto de Inovação Educacional, 2000.

ROJO, Roxane, BATISTA, A. Augusto. *Livro didático de Língua Portuguesa, letramento e cultura da escrita.* Campinas: Mercado de Letras, 2003.

SOARES, Magda. A escolarização da literatura infantil e Juvenil. In: EVANGELISTA, Aracy; BRANDÃO, Heliana Maria Brina; MACHADO, Maria Zélia Versiani (Orgs). *A escolarização da leitura literária: o jogo do livro infantil e juvenil.* Belo Horizonte: Autêntica, 1999.

ZILBERMAN, Regina. Leitura literária e outras leituras. In: BATISTA, Antônio Augusto Gomes; GALVÃO, Ana Maria Oliveira (Orgs.). *Leitura: práticas, impressos, letramentos.* Belo Horizonte: Autêntica, 1999.

Introdução

LER, VERBO TRANSITIVO

Magda Soares

> Nota das organizadoras
> Este texto da professora e pesquisadora Magda Soares foi publicado, pela primeira vez, na Internet, em março de 2002, no *site* da ONG Leia Brasil, em página que apresentava comentários de alguns educadores a críticas, amplamente divulgadas na mídia, aos resultados dos estudantes brasileiros em testes de avaliação internacional de desempenho em leitura – PISA 2000 (Programa Internacional de Avaliação de Estudantes – 2000). Apesar de ter sido produzido com objetivos e para leitores configurados por aquele momento, julgamos pertinente, em virtude da atualidade das questões que o texto levanta, tomá-lo como deflagrador da interação entre os diferentes discursos que integram este livro; aliás, o texto perdeu a provisoriedade do momento de sua produção, já que, em posterior reformulação do *site* Leia Brasil, foi mantido na página "Suporte para a leitura".[1]

Que a questão da leitura no Brasil – "brasileiros leem pouco", "brasileiros leem mal" – esteja ultrapassando as paredes da escola, saindo dos limites das discussões de educadores, e comece a aflorar na mídia e a tornar-se preocupação de outros profissionais, de políticos, de pais, é um bom sinal

---

[1] Endereço da página: www.leiabrasil.org.br/leiaecomente/verbo_transitivo.htm. Esclareça-se que a autora julgou necessário fazer algumas alterações no texto para esta versão impressa.

(tanto quanto possa ser "bom" um sinal de que a situação está chegando ao limite do tolerável e não pode mais ser ignorada). Entretanto, bem à moda brasileira, não temos ido além da denúncia e da busca de "culpados": os pais, que também não leem? os professores, que não são, eles mesmos, leitores? ou que não formam ou não sabem formar leitores? a escola, que não tem bibliotecas? A tela – da TV, da Internet, dos jogos eletrônicos – que vem substituindo, na preferência de crianças e jovens, a página impressa? o governo, que não tem uma política de leitura?

O perigo dessa síndrome denunciatória e dessa caça às bruxas é que acabe por ficar esquecido o mais importante: a caracterização e a interpretação do problema, sem as quais é impossível encontrar suas causas e, consequentemente, suas soluções (e até seus "culpados", se for mesmo importante caçar as bruxas...).

Em primeiro lugar, é preciso esclarecer uma faceta fundamental do problema: quando se diz que o brasileiro lê pouco ou lê mal, o que se está entendendo por *ler*? Lê pouco *o quê*? lê mal *o quê*?

Ler só é verbo intransitivo, sem complemento, enquanto seu referente forem as habilidades básicas de decodificar palavras e frases: diz-se de alguém que sabe ler, assim, sem complemento, ou que não sabe ler, quando se quer com isso dizer que esse alguém é alfabetizado ou é analfabeto. Para além desse nível básico, ler como prática social de interação com material escrito torna-se verbo transitivo, exige complemento: o alfabetizado, o letrado lê (ou não lê) o quê? lê mal (ou lê bem) o quê? o jornal? o best-seller? Sabrina? Machado de Assis? Drummond? a revista Capricho? Playboy? Bravo? Caros Amigos? Veja, Isto É, Época? a conta de luz, de água, de telefone? a bula do remédio? o verbete do dicionário, da enciclopédia?

Ler, verbo transitivo, é um processo complexo e multifacetado: depende da natureza, do tipo, do gênero daquilo que se lê, e depende do objetivo que se tem ao ler. Não se lê um editorial de jornal da mesma maneira e com os mesmos objetivos com que se lê a crônica de Veríssimo no mesmo jornal; não se lê um poema de Drummond da mesma maneira e com os mesmos objetivos com que se lê a entrevista do político; não se lê um manual de instalação de um aparelho de som da mesma forma e com os mesmos objetivos com que se lê o último livro de Saramago. Só para dar alguns poucos exemplos.

O que se conclui é que é preciso dar complemento ao verbo *ler* quando se fala de ler muito ou pouco, ler bem ou mal; como também é preciso dar complemento ao verbo *ler* quando se avalia a leitura (como se tem feito por meio de programas como, entre outros, o SAEB – Sistema Nacional de Avaliação da Educação Básica, o ENEM – Exame Nacional do Ensino Médio, o PISA – Programa Internacional de Avaliação de Estudantes) e quando se pretende desenvolver práticas sociais de leitura, responsabilidade sobretudo da escola e dos professores.

Neste último caso – no ensino –, não se trata de escolher este ou aquele complemento para o verbo, isto é, não podem a escola nem os professores optar por desenvolver habilidades de leitura de apenas um determinado tipo ou gênero de texto: a escola deve formar o leitor da ampla variedade de textos que circulam nas sociedades grafocêntricas em que vivemos, e são diferentes processos de leitura e, portanto, diferentes modos de ensinar; é preciso desenvolver habilidades e atitudes de leitura de poemas, de prosa literária, de textos informativos, de textos jornalísticos, de manuais de instrução, de textos publicitários etc. etc.

Ao contrário, no caso da avaliação de habilidades de leitura, há sempre uma seleção das habilidades que serão avaliadas, em função dos objetivos do órgão avaliador: quer-se verificar habilidades de leitura de que tipo ou tipos de texto? Tome-se, por exemplo, o PISA, cujos resultados recentemente divulgados tanto impacto causaram entre nós:[2] nossos jovens de 15 anos foram os últimos colocados, num conjunto de 31 países, na avaliação de habilidades de leitura, e a denúncia ocupou a mídia, as bruxas vêm sendo caçadas. No entanto, a pergunta fundamental não foi feita: os jovens brasileiros que se submeteram ao PISA revelaram ler mal o quê? que gênero de texto? leitura com que objetivo?

Os documentos que fundamentam o PISA e que apresentam e analisam seus resultados respondem claramente a essas perguntas: seus objetivos voltam-se sobretudo para a avaliação de habilidades de leitura necessárias em situações da vida real – ler "para uso público", ler "para a educação" – e por isso os testes privilegiam a compreensão de texto informativo e as habilidades de utilizá-lo e de refletir sobre ele.[3]

Dos resultados do PISA pode-se talvez afirmar que os jovens brasileiros leem mal *esse* tipo de texto, não têm *essas* habilidades que o PISA avalia: localizar, organizar, inferir, relacionar informações a partir da leitura de textos informativos. (O "talvez" no início dessa frase quer deixar implícito que muitos outros aspectos devem ser levados em conta na interpretação dos resultados do PISA, aspectos que não cabe considerar neste texto.)

Mas dos resultados do PISA nada se pode concluir sobre as habilidades de leitura de outros tipos de texto, além do texto informativo. Como também, e sobretudo, não se pode

---

[2] Este texto foi originalmente publicado na Internet, no *site* Leia Brasil, em 2002; o advérbio "recentemente" refere-se ao ano de 2001, quando foram divulgados os resultados do PISA 2000. O PISA é um programa de âmbito internacional que avalia, em diferentes países, o desempenho de alunos na faixa de 15 anos; a avaliação acontece a cada três anos, com aplicação de testes que, a cada vez, põem o foco em uma das três áreas: Leitura, Matemática e Ciências. Em 2000, deu-se ênfase à Leitura, em 2003, à Matemática; em 2006, será a vez das Ciências. (Nota da autora)

[3] Para informações detalhadas sobre o PISA 2000: em âmbito internacional, sugere-se a leitura de OCDE (2003) e de Kirsch *et al.* (2004); para os resultados brasileiros, sugere-se a leitura do Relatório Nacional do PISA 2000, em INEP (2001). (Nota da autora)

concluir que a escola e os professores não estão formando leitores:[4] podem não estar desenvolvendo adequadamente habilidades de leitura de textos informativos, que o PISA privilegia, mas quem sabe estarão desenvolvendo habilidades de leitura e apreciação de poemas, de textos literários, que são bem diferentes das habilidades de leitura de textos informativos? ou quem sabe não desenvolvem adequadamente nem umas nem outras, porque não está sendo considerada na escola a diversidade dos processos e habilidades de leitura em função dos diferentes gêneros de textos?

Finalmente, também não se pode concluir, para "corrigir" os resultados dos nossos jovens no PISA, que é preciso desenvolver estas ou aquelas habilidades de leitura, privilegiar este ou aquele tipo de texto, desenvolver estas habilidades antes daquelas, ou privilegiar este gênero de texto antes daquele. É função e obrigação da escola dar amplo e irrestrito acesso ao mundo da leitura, e isto inclui a leitura informativa, mas também a leitura literária; a leitura para fins pragmáticos, mas também a leitura de fruição; a leitura que situações da vida real exigem, mas também a leitura que nos permita escapar por alguns momentos da vida real.

Por tudo isso, certamente não é justo, sem uma análise mais ampla e objetiva da questão, atribuir à escola e aos professores a "culpa" por não estar preparando os nossos jovens para provas internacionais de avaliação que têm objetivos muito específicos e bem delimitados.

---

[4] A ênfase que aqui se põe no papel da escola e dos professores se explica pelo contexto do momento em que este texto foi produzido: as críticas então divulgadas na mídia aos resultados dos estudantes brasileiros no PISA 2000, às quais este texto procurou contrapor-se, atribuíam sobretudo à escola e aos professores a responsabilidade pela precariedade desses resultados. (Nota da autora)

Referências

INEP – Instituto Nacional de Estudos e Pesquisas Educacionais Anísio Teixeira. *Relatório Nacional do PISA 2000*. Brasília, dez./2001. Disponível em: www.inep.gov.br/download/internacional/pisa/PISA2000.pdf

KIRSCH, Irwin *et al*. *Letramento para mudar: avaliação do letramento em leitura – resultados do PISA 2000*. Tradução de B&C Revisão de Textos. São Paulo: Moderna, 2004.

OCDE – Organização para a Cooperação e Desenvolvimento Econômicos. *Conhecimentos e atitudes para a vida: resultados do PISA 2000*. Tradução de B&C Revisão de Textos. São Paulo: Moderna, 2003.

LITERATURA E EDUCAÇÃO

Capítulo I

POESIA E INDIFERENÇA

Haquira Osakabe

Respeitáveis manuais de formação moral afirmavam que um dos piores estados de espírito do ser humano era a tibieza, aquele estado que se caracteriza pela indiferença e que, por inércia, acomoda, dilui a vontade, induz o indivíduo a uma espécie de relaxamento do espírito em relação aos tempos e à história. Não é difícil lembrar a dimensão social desse estado de espírito que, na década de 1970, exatamente no período do fim dos sonhos, deu o tom melancólico de descrença que perdura até nossos dias. Quem não se lembra de filmes como *Zabrinsky point*, ou *A noite dos desesperados*? Da mitologia da época, ficou na nossa memória a mística dos caminhos de Katmandu, do caminho dos Incas, das praias desertas da Bahia, lugares que representaram não tanto a quimera, mas simplesmente o refúgio contra o desencanto. Imagina-se que sob o signo daquele estado de espírito de rendição e ressentimento começasse a se afirmar um surpreendente novo momento de nossa cultura que hoje se conhece sob o nome muito genérico de Pós-Modernidade, e que, na verdade, dissimula tendências de pensamento quase antagônicas.[1] Substancialmente, a novidade teve como berço o universo

---

[1] Para uma introdução mais geral sobre a questão, ver de Perry Anderson, *As origens da pós-Modernidade*. Rio: Zahar, 1999.

tecnológico de um capitalismo avançado, bem como uma sociedade que, sob o impacto de inteligentes mecanismos simbólicos, camuflou as contradições mais evidentes do sistema, tornando relativos conceitos que o marxismo histórico formulara para a compreensão da evolução do sistema capitalista. A contraposição entre incluídos e excluídos, com a afirmação de uma política do possível, veio a ser a culminância dessa alternativa resignada, para não dizer cínica. Na base dessa composição moral, está um sistema de neutralização de contrários que, às vezes, se reveste de um verniz democrático, mas que no fundo tende a tornar inócuo todo e qualquer processo transformador. Um exemplo muito a propósito disso está nos chamados estudos culturais e no relativismo que os embasa.

Tudo parece ter começado ainda na década de 60, nos Estados Unidos, quando da explosão dos grandes conflitos raciais. Por imposição de uma luta heroica, a população negra conquistou, em poucos anos, direitos de cidadania, que lhe eram historicamente negados: respeitabilidade, acesso amplo à educação, aos cargos públicos, igualdade efetiva de direitos civis etc. Na trilha desse saudável movimento, que, mesmo não tendo resolvido questões raciais mais agudas, deu aos Estados Unidos a aparência de uma sociedade no mínimo racialmente tolerante, outros movimentos reivindicatórios se organizaram, sempre no sentido da conquista da cidadania: movimento feminista, movimento gay, movimento pró-minorias raciais. É de se entender que o vigor desses movimentos tem suas raízes na profunda compartimentação moral e política da sociedade americana, responsável por movimentos de exclusão nem sempre sutis. Do ponto de vista cultural, as lutas antidiscriminatórias conduziram, num primeiro momento, a um positivo movimento de refacção histórica, fazendo emergir uma variedade e um número surpreendente de vozes e discursos. E, se de um lado, a história cultural daquele país (e, decorrentemente, de outros, similares ou periféricos, como o nosso) ganhou muito com aquela manifestação de pluralidade, alguns equívocos se produziram. Um deles, muito significativo, foi a destituição de um critério estético de valoração dos objetos em benefício de critérios decorrentes da legitimidade ou de representatividade cultural desses mesmos objetos. Assim, sem caricaturar, considerando grandes nomes da história literária, Shakespeare por exemplo, como sinônimos da dominação branca, muitas foram as vozes favoráveis à sua eliminação dos currículos escolares, em benefícios de nomes mais locais, de maior presença na vida imediata das diferentes comunidades. Evidentemente o que se pretendia, num primeiro momento, não seria a substituição de um padrão por outro, mas uma ampliação do universo cultural, que deveria necessariamente contemplar as produções mais significativas da história próxima. Mas, o equívoco se instalou como verdade moral e gerou discussões confusas em que se misturavam história cultural, conquistas políticas, avanço científico e também bastante complacência teórica. Essa confusão de critérios, que teve, de um lado, o benefício de ampliar e estender o direito à voz e seu registro das chamadas minorias, estendeu-se muito rapidamente para outras instâncias ou categorias, tais como o popular e o erudito, cuja discussão tem pouco de correção teórica em nome de uma hipertrofia da chamada correção política. Foi assim que, em nome de uma visão mais democrática e igualitária de cultura, o critério valorativo da representatividade impôs-se ao critério estético (voltaremos a este último mais à frente). Trazendo para mais perto essa discussão, vemos nos estudos literários, um fenômeno semelhante ao relativismo linguístico coetâneo por sua vez do relativismo cultural.[2] Aqui convém indicar, desde já, um equívoco de base: o fato de não

---

[2] Remetemos aqui, em particular, aos trabalhos em que intersectam pontos de vista antropológicos e linguísticos como os de Edward Sapir (*Anthropologie*. Paris: Éditions du Minuit, 1967), Roman Jakobson (*Essais de Linguistique Générale*. Paris: Minuit, 1963). Sobre as implicações das questões relativas à variação linguística, remetemos também às sempre oportunas reflexões de Louis-Jean Calvet (*La Sociolinguistique*. Paris: PUF, 1993).

se poder falar em uma cultura superior a outra ou de uma modalidade linguística superior a outra baseia-se num ponto de vista estrutural que considera a relação dos elementos no interior de um sistema dado. Logo, não se poderia, de fato, admitir confronto entre elementos pertencentes a sistemas diferentes. Do ponto de vista imanente, não haveria, portanto, porque afirmar superioridades ou inferioridades, mas simplesmente diferenças relativas. Isso, no entanto, de modo algum autoriza a redução das diferenças, a neutralização delas. A história mais recente da educação linguística tem evidenciado resultados bastante problemáticos de um ensino desmobilizante, em que a simples valorização da variante do aluno não lhe resolve a sua condição subalterna de modo a prepará-lo para enfrentar as exigências de uma sociedade que mais e mais cobra o domínio da língua escrita padrão que, se não se afirma como superior a outras variantes, é aquela que uma certa história consagrou como veículo privilegiado dos intercâmbios necessários à integração do sujeito. Algumas experiências de ensino nos Estados Unidos tiveram como resultado a formação de um público incapaz de formular na língua padrão seus próprios direitos, o que significa que aquilo que era uma reivindicação legítima deu lugar a uma prática desmobilizante e marginalizante. Voltando à literatura, o mesmo parece ter acontecido e pode acontecer quando se indistiguem obras ou autores de diferentes envergaduras, com base no fato de que a avaliação estética está sujeita a determinantes temporais. Isto constitui uma verdade parcial e é uma das razões mais produtivas para a reavaliação constante dos padrões esteticamente mais prestigiados. No entanto, a qualidade estética ultrapassa por sua própria natureza as injunções contextuais. Dirão alguns que se trata de uma afirmação destituída de valor objetivo.[3] Convém afirmar: arte nenhuma prescinde de um componente nuclear, de na-

---

[3] Ver discussão constante no documento *PCN Ensino Médio*, Brasília: MEC, 2002, p. 136 e segs.

tureza imponderável, que sedimenta seu vigor, sua vitalidade além dos tempos e dos limites de sua cultura.[4] E o fato de se afirmar esse imponderável significa que ela, a arte, tem sim uma particularidade nem sempre acessível à percepção estereotipada que nunca se dispõe à tarefa de despojar-se dos lugares comuns e enfrentar a nem sempre óbvia fruição da arte. Até aqui acompanhamos o desenvolvimento de um movimento legítimo, mas que acabou tendo como resultado o oposto do que pretendia. Pretendia a equiparação dos objetos culturais, dentro da complexidade de uma suposta totalidade cultural. O que se conseguiu foi uma visão complacente por parte de uma *Inteligentzia* culposa que trouxe a ilusão da legitimidade e cidadania a esses objetos, mas que os mantém ciosamente etiquetados como representantes do âmbito restrito de sua cultura. Há, nas universidades americanas, uma espécie de fúria relativista que vem sendo responsável pelo prestígio de um sem número de obras e autores que, se têm o mérito de apontar para a novidade cultural, objeto de uma certa curiosidade mórbida, em nada contribuem para a impulsão da história em qualquer sentido que se possa entender esse termo. Admitimos que nossa visão possa parecer elitizada, mas esperamos que a discussão que vem a seguir permita uma melhor compreensão do que estamos pensando. Chegados até este ponto, que nos seja permitido entrar numa outra vertente do atual estado de coisas. Trata-se da chamada Pós-Modernidade.

Em que pese a vasta bibliografia que se tem hoje sobre o assunto, algumas ideias já se podem considerar como assentes dentro dessa nova versão do pensamento cultural e social, atualmente presente nas mais diversas manifestações.

---

[4] Essa discussão remete obviamente a binômios conhecidos na tradição filosófica, que estariam sincretizados na relação essência/aparência, sendo que, ao primeiro termo, se aplicaria o termo imponderável no sentido de que se trata de algo que foge ao plano do útil e do material, no plano da subsistência, enfim... Para alguns, essa mesma discussão acabaria por remeter ao binômio sagrado/profano.

A mais evidente dessas ideias é da relativização de contrários, colocando em xeque categorias tradicionais da moral (o certo e o errado), da política (a participação e a alienação, a direita e a esquerda), da estética (o objeto de arte e o objeto comum), da hierarquia (o elevado e o rebaixado), da ética (o justo e o injusto). Essa relativização faz-se com base em critérios diferentes, mas sempre fundados no pressuposto da flexibilidade dos padrões de julgamento. Convém retermos aqui uma constatação patente sobre esse processo: quando é afirmado que não há nada que autorize que se julgue certo ou errado, o bom ou o mal, o rebaixado e o elevado, estamos muito próximos de uma das reivindicações do relativismo cultural, em termos de resultados, já que objetos aparentemente contraditórios são comutáveis em termos de valor. Nessa lógica, um dos princípios básicos do capitalismo contemporâneo (chamemo-lo neoliberal), a afirmação do supérfluo como necessidade de subsistência social, é uma mostra radical da neutralização de uma polaridade curiosa: o essencial e o aparente. O que significa que a ordem do simbólico impõe-se de tal modo que os sujeitos acabem por sentir-se sempre igualados por uma aparência que, para eles, funciona como real. E esse processo tem o dom de atenuar as contradições sociais e econômicas. Desse modo, muito longe de parecer um resultado neutro do aperfeiçoamento do capitalismo, os padrões pós-modernos resultam numa consistente forma de sustentação do sistema assim definido. Um dos mais propalados lugares comuns das últimas décadas, o "fim da história", bastante caricaturado nas discussões políticas, não deixa de ser o resultado eloquente de uma nova percepção dos tempos cuja raiz precisa ser considerada de modo desapaixonado.[5] Afinal, sem contradições substanciais, nenhuma mudança

---

[5] Uma das fontes da conhecida discussão vem a ser a polêmica obra de Francis Fukuyama. *The end of the history and the last man*. Nova York: Free Press, 1992. A tese da superação da história associa-se, a nosso ver, a um dos supostos fundamentais da pós-modernidade: o fim da crença no processo histórico de aperfeiçoamento ou progresso. Remetemos à análise que faz de

estrutural será viável. Assim, se chegamos a constituir uma sociedade "de" incluídos e "para" incluídos onde contradições substanciais cedem lugar a contradições de aparência, frágeis, que se resolvem com o fortalecimento dos sistemas simbólicos, fica difícil imaginar que o mundo rume para destinos diversos do que vemos presentemente. Imaginamos que a percepção trágica do teórico Giorgio Agamben[6] tenha raiz exatamente nesse ponto. A constituição dessa sociedade de incluídos, a sociedade sem contradições substanciais, só se faz através do confinamento moral e social dos excluídos. A alegoria dos campos de extermínio (guetos raciais, favelas, com a disseminação da violência, fome, doenças como a Aids) mostra o custo moral desse mundo quase olímpico. Logo, a relativização das contradições, a banalização dos padrões éticos e com eles a relativização das diferenças substanciais não são nada inócuas ou neutras. Seu resultado mais crítico é, sob aparência de um certo ceticismo, o reforço constante da inércia com a desqualificação do esforço de análise que a formulação das diferenças implica. E aqui chegamos mais particularmente ao terreno da poesia.

Em primeiro lugar, conviria esclarecer a natureza do que estamos denominando "poesia" e que corresponde ao que se chamaria *fenômeno poético*. Esta expressão não é casual e pode ser justificada em primeiro lugar no quadro da temporalidade, ou do acontecimento. A poesia *dá-se*, como qualquer acontecimento *se dá*. Isso implica a mobilização de dispositivos sensoriais que se ativam na percepção (ou invenção?) de um objeto dado, num momento dado. Decorre daí sua singularidade que explica, em parte, sua tendência à volatilidade. A concepção romântica da Arte enquanto manifestação única vem exatamente dessa formulação. Alguns

---

todo esse quadro o filósofo italiano Gianni Vattimo, *O fim da modernidade*. São Paulo: Martins Fontes, 2002.

[6] Ver AGAMBEN, Giorgio. *O poder soberano e a vida nua. Homo Sacer*. Belo Horizonte: UFMG, 2002; e *Estado de exceção*. Rio: Boitempo, 2004.

paradoxos podem ser flagrados aí: o mais evidente deles tem a ver com a noção de singularidade (irredutibilidade e irreprodutibilidade) do objeto estético. Se, de um lado, essa singularidade está atrelada ao momento em que se dá o fenômeno estético e que justificaria a fluidez imanente a qualquer acontecimento, por outro, fica patente que a essa fluidez se alia exatamente seu contrário: o efeito da permanência. O chamado eterno da arte. Vamos arriscar aqui a seguinte hipótese: todo acontecimento, para que efetive sua função no interior dos processos humanos, portanto, para que ultrapasse seu momento, tem, no seu fulcro, um valor imanente, jamais objetivável pela razão, mas cujos contornos e natureza a intuição se responsabiliza por indicar, mas jamais definir. Pois bem, o objeto estético é aquele acontecimento que consegue fazer vislumbrar esse fulcro. E a arte é a única das produções humanas capaz de aproximar o homem dele. Essas ideias lembram, com toda a razão, as de um Schopenhauer,[7] para quem a única via pela qual o homem poderia aproximar-se do que denominou "em si" (a vontade, fluxo essencial, movimento contínuo e irracional) seria pela arte e sobretudo pelas artes menos figurativas, menos representativas e mais expressivas, como a música. O fenômeno poético pode ser entendido da mesma forma. Indubitavelmente, ele ocorre numa circunstância determinada, e como qualquer outro fenômeno poderia volatilizar-se, não fora aquele processo de vislumbramento fulcral que aproxima seu fruidor daquilo que confere ao seu momento a sua marca de atemporalidade.[8] Poesia permanência. Entramos aqui no território escorregadio

---

[7] V A. Shopenhauer. *O mundo como vontade e representação*. Lisboa: Rès. s./d.

[8] Novamente a discussão remete, de modo inevitável, a algumas ideias que a tradição dos teóricos da Mitologia vem afirmando (ver nota 5). Esse fulcro de que falamos releva uma atemporalidade e intangibilidade. Algo que não se deixa reduzir pelas instâncias da utilidade e da subsistência e que portanto intersecta com o que se tem denominado sagrado. Ver ELIADE, Mircea. *O sagrado e o profano*. São Paulo: Martins Fontes, 1992, e sobretudo OTTO, Rudolf. *O sagrado*. Lisboa: Ed. 70, 1992.

do cânone, território que ganhou fôlego nas últimas décadas por conta da intervenção do crítico americano Harold Bloom.[9] Em primeiro lugar, esclareça-se que um dos panos de fundo da discussão aberta por Bloom foram justamente os estudos culturais com sua já referida afirmação da relatividade e da arbitrariedade dos cânones literários que em língua inglesa, remonta sobretudo às figuras de Milton e Shakespeare. Em geral, as grandes críticas que foram feitas aos cânones tiveram motivações políticas e pedagógicas no sentido de liberar as novas gerações da obrigação de conhecerem obras e autores que não teriam relevância alguma com elas. A discussão tem lá seu sentido, se se toma o Cânone como modelo e não como a sedimentação de um patamar. É o caso da chamada educação tradicional que remonta aos clássicos antigos, passando pelos medievais, e que contava, para seus fins, com a retórica, uma disciplina especialmente constituída para a educação pública.[10] No Brasil, por exemplo, essa concepção de educação que formava os homens em função de seu possível papel público muito se pautou sobre o exercício a partir dos modelos. A geração dos bacharéis, até a década de 50, formou cidadãos em que o desempenho linguístico e o conhecimento da poesia estavam em escrever à Camões, falar à Vieira, sonetar à Olavo Bilac. Segundo essa concepção, a legitimidade de uma expressão linguística residiria no uso estabelecido pela língua literária escrita. Do mesmo modo, o valor das obras literárias, em muitos casos, era definido por critérios muito circunstanciais (modismos, prestígio social etc.) e que de forma alguma garantiam a qualidade literária do objeto. Se isso é incontestável, também o é o fato de que, na trilha do que se pode chamar de estrutura canônica da literatura em língua portuguesa, algumas obras se afirmam como marcos indiscutíveis do grande conjunto a que daríamos o nome de cultura luso-brasileira. Algumas obras de

---

[9] Ver BLOOM, Harold. *O cânone ocidental.* Rio: Objetiva, 1994.

[10] Ver TODOROV, Tzvetan. *Théorie du symbole.* Paris: Seuil, 1977.

Camões, Gil Vicente, Vieira, Camilo, Machado, Graciliano, Drummond dificilmente deixarão de constituir-se referência obrigatória nesse sentido. Não se trata aqui de sacralização ou consagração externa de tais obras, mas, sim, do delineamento de padrões estéticos que contribuíram para a estruturação do universo estético de nossa cultura escrita. Um contra-argumento para isso seria a parcialidade representativa dessa cultura escrita, tida como cultura de elite. É preciso que se entenda que a afirmação da cultura escrita, dos seus padrões e de toda a tradição que ela carrega consigo, não reduz a representatividade da tradição oral, e mesmo de registros escritos que não se fixaram alheios aos padrões dominantes. Mas, se isso é verdadeiro, não menos verdadeiro é o fato de que o domínio da cultura escrita e seus padrões faz parte do rol das exigências mínimas do exercício da cidadania das sociedades letradas. Por outro lado, é inegável também que, por conta de sua inscrição temporal, a consagração dos cânones é tributária de forças sociais ou culturais de impacto relativo. A moda, o prestígio fortuito de determinado autor, ou estilo, interesses editoriais, políticos, tudo isso contribui para a constituição do cânone. Autores e obras envelhecem, caem no esquecimento. Tornam-se extemporâneos ou obsoletos como o próprio idioleto em que foram escritos. Tudo isso é de uma obviedade cansativa. Mas inegável também é que autores e obras subsistem e reafirmam-se acima dos tempos e acima dos limites da própria cultura.

Conduzindo essa discussão para a contemporaneidade, e em particular para o lugar que caberia à literatura na educação brasileira, certamente estaremos entrando num território bastante delicado, visto que vamos encontrar aí uma vasta discussão já estabelecida sobre os novos padrões da educação e sobretudo sobre as novas populações que hoje constituem legitimamente o grande público da escola brasileira.[11]

---

[11] Ver texto publicado pelo MEC em *Orientações curriculares do ensino* médio. Brasília: MEC, 2004.

A chamada democratização da educação no Brasil que ampliou o acesso à escola, sem a devida alocação dos recursos para tanto, colocou os educadores brasileiros diante de dilemas até hoje não resolvidos: para onde se quer conduzir o educando brasileiro, ou para que sociedade formá-lo, ou para o exercício de quais papéis pensa-se educá-lo? Se, em termos de educação linguística, hoje se tem bem claro que o domínio da linguagem oral e escrita e de uma norma considerada socialmente como padrão é requisito para a sobrevivência do aluno e sua inserção numa sociedade estratificada como a nossa, muito pouco clara fica a função da literatura para esse público. E muito menos clara fica a função de uma literatura de tradição (história literária, cânones, estilos etc). A saída mais fácil e, a nosso ver, mais problemática é aquela que teria um certo parentesco com a ideologia dos estudos culturais. Denominemo-la "relativista", aquela que, validando diferentes manifestações culturais e contestando a hegemonia das manifestações ditas eruditas, propõe a indistinção entre literatura e outras manifestações e propugna a prioridade de uma leitura acessível, mais ao nível do público-leitor. Aparentemente, trata-se de uma solução saudável e sensata, já que, ao estender o horizonte dos objetos legíveis para o plano do imediatamente digerível, dissolve as barreiras entre objetos melhores e piores, entre o literário e o não literário e, sobretudo, elimina a aura de inacessibilidade do objeto literário. Aliás, não raro é deparar-se com uma visão irônica e ressentida contra a chamada alta literatura. Essa concepção que embasou e embasa propostas educacionais com intuitos progressistas é bastante problemática e tem muito do caldo discriminatório das sociedades pós-modernas. Se não, vejamos.

Uma das mais lúcidas intervenções de que tive conhecimento a respeito da educação moderna nas escolas públicas de ensino primário ou secundário foi do linguista francês, Jean Claude Milner, ainda nos idos de 1970, quando, na França, se discutia a reestruturação do ensino com base num novo público que chegava aos bancos escolares: os filhos de imigrantes, pobres, parcos do domínio linguístico e carentes de informação cultural francesa. Milner contrapôs-se vigorosamente contra aquilo que corresponderia ao rebaixamento dos padrões educacionais. Mas, longe de qualquer perspectiva elitista, muito pelo contrário, colocouse ele contra o fato de que o rebaixamento (sob pretexto de adequação ao nível do novo público) tinha como base uma visão, essa sim, elitista e discriminatória, que partia do pressuposto de que as classes subalternas não teriam condições de assimilar os conteúdos ditos adequados às classes dominantes. A grande particularidade dessa posição está no fato de que ela se funda sobre uma visão realista da escola pública: esta faz parte ativa de uma sociedade e de uma cultura desigual em todos os sentidos e que resulta de uma história de desigualdades. O erro da proposta que denominamos "relativista" estaria no fato de desconsiderar essas desigualdades por meio de expedientes artificiosos que simplesmente as escamoteiam. Trata-se não só de uma pedagogia da facilitação mas, também, da negação do valor educativo do esforço e do empenho que a assunção de uma atitude crítica em relação à desigualdade pode estimular. O que transparece nesse tipo de pedagogia, bem como na visão que ela tem da literatura, é um processo de redução e nivelamento por baixo, de modo que se desloquem para o plano do supérfluo os desafios, as dificuldades, e se situem no plano do essencial o acessível e o fácil. Chega-se aqui a uma espécie de caricatura dos processos sociais e políticos contemporâneos. Para poucos (os inefáveis), o domínio e o acesso aos objetos mais sofisticados da cultura; à grande massa, só aquilo que ela pode assimilar, logo, literatura de quinta linha. Outra não é a ideologia da visão neoliberal, só que, nesse caso, os excluídos são todos aqueles a quem se dá a ilusão da inclusão, os dignificados pela ilusão igualitária. Nunca é demais relembrar uma das reflexões mais agudas do ponto de vista político do poeta Fernando Pessoa, ao criticar, à maneira de Nietszche, a natureza dos princípios igualitários. Para eles, o que contava como princípio motor das sociedades humanas era a força, resultado das tensões e do desafio. O sentimento igualitário, ou a ilusão igualitária, tenderia a afrouxar o espírito, a levá-lo a uma espécie de lassidão moral. Logo, a solução da situação não estaria em criar expedientes de falseamento do impacto da desigualdade, mas, sim, em criar aqueles que estimulem a superação desta, através de uma alteração das próprias condições educacionais. Reafirmando, é a assimilação e superação das tensões que dá sentido à educação e não seu escamoteamento que só faz confinar, numa grande sociedade paralela, um simulacro de cidadãos. É nesse particular que se pode pensar que a poesia, no sentido que lhe demos acima, pode ter uma importância central nesse processo. Ao contrário da visão mais tradicional, retórica, a poesia, como a arte em geral, não constitui o adorno e o supérfluo, ou o verniz do processo educacional. Ela ocupa um lugar central, por sua própria constituição, já que ela se apresenta como a instância que permite flagrar algumas diferenças cujo enfrentamento trará consequências nada desprezíveis na formação do aluno.

Como já dissemos em outra ocasião,[12] a poesia produz no leitor, como qualquer obra de arte, uma percepção nova sobre determinada experiência, ou constitui ela própria uma experiência sempre renovada, como se guardasse sempre o frescor de sua criação (seria aquela propriedade de tangenciamento da ordem do essencial a que nos referimos acima). Ora, é essa particularidade que a coloca como um desafio para o leitor, como se fossem inesgotáveis suas possibilidades significativas. Perto dela, fica patente a transitividade da linguagem cotidiana, como fica patente o patamar do senso comum em que se situa o leitor, patamar que se distancia daquele em que ela se apresenta. Classificar essa visão de

---

[12] Ver documento citado na nota anterior.

elitista é reduzir a discussão a uma mera questão hierárquica, quando se trata de uma questão de diferença de natureza entre objetos. Embora tudo se expresse em linguagem humana, o fenômeno poético acaba por transportá-la para um outro patamar sem se deixar formalizar por ela. Como se ela se fizesse por uma clave oculta. Nesse sentido, parece legítimo afirmar que a sensação de diferença que ela provoca no leitor não pode ser considerada como diferença discriminatória, excludente, mas, sim, como o motor de elicitação de um processo básico de conhecimento. O franqueamento do segredo do texto resulta sempre num conhecimento e numa nova experiência, repetimos, nunca redutível aos processos da linguagem ordinária. Ora, definir por critérios científicos e objetivos esse processo e a própria poesia é tentar submetê-los aos mesmos padrões pelos quais se considera um texto congruente ou incongruente, ou uma frase como gramatical ou agramatical. Na verdade, o que qualifica um texto poético é a consistência de sua singularidade capaz de provocar aquela sensação de experiência nova e fundante no sujeito. Ora, encarar a tarefa de franquear ao aluno o acesso à poesia pode ser pensado, nesse sentido, como tarefa complexa e simples a uma só vez. Complexa, por conta de todo um trabalho de constituição de um contexto que lhe viabilize o acesso (retrabalhar a sensibilidade, recompor elementos culturais, dar-lhe embasamento contextual etc.), e simples porque tudo acaba por resumir-se na suspensão temporária dos processos de mediação que o aluno já terá vivenciado, ou seja, dos inevitáveis lugares comuns, estereótipos que lhe dão a estabilidade referencial necessária para sua convivência cultural e social.

Para finalizar, um primeiro exemplo: rememoremos o conhecido poema de Drummond, "Morte do leiteiro",[13] construído sobre um acontecimento que daria uma literal notícia

---

[13] Ver ANDRADE, C. D. *Rosa do povo*. In: *Poesia completa*. Rio: Aguilar, 1967.

de jornal: um incidente em que um entregador de leite, ao fazer sua entrega diária em uma casa do Rio de Janeiro, é confundido pelo dono com um assaltante e é morto a tiros. É de madrugada e seu cadáver jaz em meio de uma poça em que se misturam o leite e o sangue. Esse brevíssimo resumo do poema, embora reproduza seu entrecho essencial, não chega nem de perto da formulação através da qual um *fait divers* desloca-se para o plano da poesia:

> A noite geral prossegue,
> a manhã custa a chegar
> mas o leiteiro
> estatelado, ao relento,
> perdeu a pressa que tinha.
>
> Da garrafa estilhaçada,
> no ladrilho já sereno
> escorre uma coisa espessa
> que é leite, sangue...não sei.
> Por objetos confusos,
> mal redimidos da noite,
> duas cores se procuram,
> suavemente se tocam,
> amorosamente se enlaçam,
> formando um terceiro tom
> a que chamamos aurora.[14]

Confere-se ao fato narrado (verídico ou ficcional) não a percepção corriqueira de mais uma tragédia urbana, mas uma percepção tão singular que propicia ao leitor a descoberta de uma gama de sentimentos que a elaboração poética tramou, desvendou e criou em torno de um fato que se torna agora, mais do que nunca, corriqueiro.

Um outro exemplo, agora extraído da prosa. Retomemos aqui o conto de Clarice Lispector, denominado "A criada", em que a narradora alude a Eremita, empregada silenciosa, de comportamento aparentemente limítrofe.[15] Nada acontece

---

[14] Idem, p. 170-171.

[15] A criada. In: *Felicidade clandestina*. 5. ed. Rio: Nova Fronteira, 1987.

no conto, apenas a narradora persegue a possibilidade de conhecer e explicar a figura de uma criada, que em nada justificaria, digamos assim, essa curiosidade da narradora. No entanto, o texto constitui um mergulho dentro do possível mundo interior de Eremita, mundo que a dignifica e que lhe confere uma soberania que seu silêncio ajuda a constituir. Mas, nada dessas alusões cumpre o suficiente para aproximar o leitor da surpreendente trajetória que só o texto de Clarice pode lhe oferecer.[16]

> Porque tinha suas ausências. O rosto se perdia numa tristeza impessoal e sem rugas. Uma tristeza mais antiga que o seu espírito. Os olhos paravam vazios; diria mesmo um pouco ásperos. A pessoa que estivesse a seu lado sofria e nada podia fazer. Só esperar.
>
> Pois ela estava entregue a alguma coisa, a misteriosa infante. Ninguém ousaria tocá-la nesse momento. Esperava-se um pouco grave, de coração apertado, velando-a. Nada se poderia fazer por ela senão desejar que o perigo passasse. Até que num movimento sem pressa, quase um suspiro, ela acordava como um cabrito recém-nascido se ergue sobre as pernas. Voltara de seu repouso na tristeza.
>
> Voltava, não se pode dizer mais rica, porém mais garantida depois de ter bebido em que não se sabe qual fonte. O que se sabe é que a fonte devia ser antiga e pura. Sim, havia profundeza nela. [...]
>
> Ah, então devia ser esse o seu mistério: ela descobrira um atalho para a floresta. Decerto nas suas ausências era para lá que ia. Regressando com os olhos cheios de brandura e ignorância, olhos completos. Ignorância tão vasta que nela caberia e se perderia toda a sabedoria do mundo.

E aqui uma belíssima lição da própria Clarice a todos nós: tudo é passível de ser engrandecido pela poesia. Para isso, basta admitir-se o mistério desse mundo e deixar-se conduzir pela curiosidade que, como a narradora do conto, trama um

---

[16] Idem, p. 122-123.

outro lado da realidade em que o ordinário se transforma em mito. Eremita fazendo-se divindade, revelando ao mundo os limites e a cegueira da própria condição humana.

E, finalmente, não podíamos encerrar essas considerações sem remeter ao poema "Noite feliz"[17], de Adélia Prado. A referência mais evidente do texto é o natal. Não como o momento do júbilo coisificado dos presentes e das comilanças de fim de ano. Ao contrário, o poema começa com uma manifestação muito distante dos estereótipos natalinos:

> Dói tanto que se pudesse diria:
> me fere de lepra.
> mas que importa a Deus o monte de carne podre?
> Tem piedade de mim, Vós, cujo filho gritou,
> apesar de ser Deus. Me dá um sonho.
> Só belos versos não.

E é com surpresa, quase susto, que o leitor, tomado pelo tom de desgarramento que dá sentido a esses versos, se verá diante do inaudito que um simples despojar da alma poderá desvendar para o mundo:

> Sei que na Polônia católica
> ninguém escreveu com estas mesmas palavras
> na carrocinha de doces:
> Para todos e sua família desejo um feliz natal.
> *No Brasil, sim, na minha rua,*
> *usando uma língua pobre e uma caneta de cor,*
> *alguém sentiu o inefável.*[18]

Que fique claro com esses versos que a percepção ou o perscrutar desse fulcro que no poema se denomina "o inefável", outros denominam "imponderável", outros o "sagrado", é privilégio, sim, mas privilégio autorizado pela libertação do sujeito em relação à teia de preconceitos e utilitarismos que, como dados de sua experiência diária, clamam por sua superação.

---

[17] Ver *Terra de Santa Cruz*. In: *Poesia Reunida*. São Paulo: Siciliano, 1991.

[18] Idem, p. 284. (grifos nossos)

Retomando o título deste ensaio, diríamos simplesmente que, a contrapelo da indiferença, decorrente do ceticismo que compõe a base atual dos comportamentos sociais e políticos, nada mais extemporâneo do que a poesia, nada mais inadequado do que ela nesta época em que critérios como utilidade e eficácia impõem-se como determinantes dos valores de prestígio. E nada mais fecundo do que ela para embasar o exercício crítico e a perspectiva transformadora. Mas aí já estamos em outros mares.

Capítulo 2

ALGUMAS ESPECIFICIDADES DA LEITURA LITERÁRIA[1]

Graça Paulino

A leitura na perspectiva de objetos e procedimentos

Em um curto ensaio apresentado no final de 2004, no sítio www.LeiaBrasil.org.br, Magda Soares faz referência ao uso hoje constante do verbo *ler* sem objeto direto, como se intransitivo fosse, podendo estender-se tal observação ao uso do substantivo *leitura* sem seu complemento nominal. Segundo a autora, não seria inocente ou indiferente essa elipse em tantas ocasiões, quando se aborda o ato de ler, pois deixa de marcar as diferenças e especificidades que o processo assume em decorrência daquilo que se lê, isto é, do objeto textual, com as consequências que este provoca nos modos de leitura. Retomo e explano aqui um conjunto de reflexões sobre procedimentos de leitura, quando esta tem por objeto textos literários, destacando algumas especificidades no modo de lê-los, sem ignorar o que aproxima essa leitura de outras, que têm outros tipos de textos como objetos. Retomando Magda Soares:

> Ler, verbo transitivo, é um processo complexo e multifacetado: depende da natureza, do tipo, do gênero daquilo que se lê, e depende do objetivo que se tem ao ler. Não se lê um editorial

---

[1] Produção financiada pelo CNPq.

de jornal da mesma maneira e com os mesmos objetivos com que se lê a crônica de Verissimo no mesmo jornal; não se lê um poema de Drummond da mesma maneira e com os mesmos objetivos com que se lê a entrevista do político; não se lê um manual de instalação de um aparelho de som da mesma forma e com os mesmos objetivos com que se lê o último livro de Saramago. Só para dar alguns poucos exemplos. (Op. cit. p. 1)

Para alguns leigos, que defendem a importância da diversidade de textos sem referir-se à diversidade dos modos de leitura, bastaria explicitar o domínio discursivo ou mesmo o gênero do texto que é objeto de leitura para ter esse problema da diversidade resolvido: ler poesia, ler notícia, ler bula de remédio, ler anúncio, ler ensaio filosófico, ler texto instrucional.

Quando se constitui em práticas o conjunto heterogêneo de leituras contumazes de uma sociedade letrada lhe damos, no Brasil, o nome de letramento.[2] Mas, por essa heterogeneidade, o emprego do plural vem se associando a esse termo: letramentos. Talvez seja uma forma no plural o modo mais adequado de explicitar as diferenças entre as práticas de leitura, derivadas de seus múltiplos objetivos, formas e objetos, na diversidade também de contextos e suportes em que vivemos.

Porém, tal pluralidade se fortalece mais claramente nos modos de ler. As diferenças se localizariam nos objetos lidos e se definiriam a partir deles, mas seriam também estabelecidas pelos sujeitos em suas propostas, espaços sociais e ações de leitura. A questão que permanece é se as diferenças seriam, desde a alfabetização, mais importantes que os pontos em

---

[2] A história desse termo já foi suficiente e proficientemente contada em nível acadêmico, embora ainda seu emprego não se tenha disseminado na mídia. Produções de Soares a partir de 1996 testemunham tal constatação. Segundo KLEIMAN, o termo letramento foi possivelmente cunhado por Mary Kato, em 1986, a partir do inglês *literacy*. A maior pesquisa quantitativa desenvolvida no Brasil sobre a inserção dos cidadãos no mundo da escrita recusa o termo letramento, ao se denominar "Indicador Nacional de Alfabetismo Funcional", com a sigla INAF (Ação Educativa/Instituto Paulo Montenegro), mas o livro sobre os resultados, com análises acadêmicas, se intitula *Letramento no Brasil*.

comum que as leituras inevitavelmente apresentam entre elas, ou esses pontos de convergência deveriam também merecer nossa atenção.

Entende-se o destaque dado pelos pensadores da educação à diversidade, num momento em que a padronização de valores, perspectivas e comportamentos está sendo alvo de observações críticas que incidem sobre os equívocos de certa globalização e suas consequências nas instituições escolares. Aliás, não se trata de um posicionamento restrito à área da educação, pois vem permeando, desde os anos 80, os estudos culturais. O "local da cultura", expressão de Homi Bhabha (1998), vem sendo considerado politicamente mais correto que tal globalização, já que esta carrega a pecha de inevitável e vem beneficiando poucos países e povos.

O ponto de equilíbrio entre o que une e o que separa práticas culturais nunca foi fácil de encontrar, e seria pretensão demasiada propor aqui e agora uma tipologia que dê conta simultaneamente da leitura de textos escritos em geral e das especificidades de um modo de leitura que chamamos de literária. Vamos, então, transitando pela Psicopedagogia, pela Sociologia e pela Filosofia, fazer algumas reflexões sobre o tema, junto com alguns pensadores, e discutir as questões que propuseram, na provisoriedade inevitável que se institui no mundo das respostas científicas que se querem sérias.

Comecemos afirmando que explicitar os objetos diversificados das leituras é necessário, porém não é suficiente para que se estabeleçam entre elas diferenças culturalmente significativas. Sabe-se que, na história dos livros didáticos de língua portuguesa no Brasil, por exemplo, houve época em que todos os textos eram literários, mas a leitura deles servia a interesses não literários, com predominância dos estudos de conteúdos gramaticais. Líamos trechos belíssimos d'*Os Lusíadas* para aprender análise sintática. Então, mesmo sendo poético o objeto da leitura, não o eram os objetivos dela. Que a compreensão da sintaxe muitas vezes ajude a ampliar a compreensão da criação poética pode ser verdadeiro, mas que disso se faça o motivo condutor da leitura de textos literários na rotina escolar constitui uma distorção. Para antigos alunos adolescentes, parecia que os mestres admiravam mais os hipérbatos que a poesia de Camões.

Entramos, quando se tornou hegemônica a Teoria da Comunicação, numa fase de escolarização da leitura literária em que os textos literários estavam (e muitas vezes ainda estão) sendo lidos e tratados como as notícias de um maremoto: quantas foram as vítimas, como sucedeu o evento, que países atingiu, por que não houve dele previsão? Lidos como textos informativos, cada resposta sobre textos literários corresponderia à verdade dos fatos, textualizados para serem detectados e memorizados. Aliás, as observações que a já citada ensaísta Magda Soares faz acerca dos testes do PISA dizem também respeito a isso: as habilidades de leitura avaliadas são referentes a textos informativos, o que indicaria os alunos finlandeses como os melhores leitores desses textos, enquanto se continua sem avaliar sua performance com relação à leitura de textos filosóficos ou poéticos, por exemplo.

Isso coloca em pauta a hierarquização ideológica de textos e leituras, hierarquização esta assumida como natural na chamada sociedade da informação. Qualquer hierarquização é questionável numa perspectiva ética de respeito à diversidade, mas, no momento em que a eficácia dos procedimentos de conscientização política cresce em importância como forma de resistência ao belicismo e à condução da opinião pública pelos meios de comunicação, ler critica e comparativamente textos informativos pode ser importante a ponto de priorizar-se esse comportamento na escola.

Todavia, a leitura crítica de mundo ligada à leitura de textos escritos não depende tanto do gênero destes como das competências e habilidades desenvolvidas pelos leitores. Isso poderia remeter-nos, por exemplo, à velha taxonomia de Bloom, que vem sendo hoje retomada, embora com ressalvas, pela Psicopedagogia.[3] Entretanto, Bloom (e outros pensadores

---

[3] Um exemplo da retomada pela Psicopedagogia das categorias de habilidades e competências com transformações pós-fordistas, mas perspectivas neoliberais,

de décadas mais recentes) constrói também uma hierarquização, não de textos, mas de habilidades intelectuais, das mais simples às mais complexas, e aceitá-la exigiria também um questionamento dos valores envolvidos. Acrescentando-se a isso o fato de que tais habilidades são consideradas apenas no nível individual, sem que os contextos sociais sejam levados em conta, vemo-nos obrigados a abdicar dessas taxonomias.

Antes de qualquer outra consideração crítica a esse respeito, é preciso assumirmos que habilidades exigidas na leitura literária são habilidades cognitivas, além de serem habilidades de comunicação, no sentido de habilidades interacionais e também afetivas. Entretanto, fica uma pergunta: haveria legitimação hoje para que consideremos que as habilidades de leitura literária sejam *predominantemente* habilidades estéticas? Retomamos a velha pergunta dos frankfurtianos: qual o espaço de experiência estética em sociedades nas quais os produtos de arte se apagam ou se tornam mercadorias consumidas em série? E o que caracterizaria hoje uma leitura predominantemente estética?

Algumas contribuições da Teoria Literária para uma teoria da leitura

Ainda houve e há, na própria Teoria Literária, espaços concretos de resistência de caráter estetizante. Quando nos referimos às ações características de leitura literária, podemos, por exemplo, em vez de nos situarmos na área

---

está nos PCNEM, como demonstrou Alice Casimiro Lopes: "Como a esfera da produção passa a exigir competências superiores, associadas ao pensamento mais abstrato, à realização simultânea de tarefas múltiplas, à capacidade de tomar decisões e de solucionar problemas, à capacidade de trabalhar em equipe, ao desenvolvimento do pensamento divergente e crítico, a formação não pode se limitar a competências restritas ou aos desempenhos previstos nos antigos objetivos comportamentais. Os princípios do construtivismo e da perspectiva crítica são então associados a princípios eficientistas e a princípios do progressivismo como forma de projetar a formação de competências mais complexas, mas ainda assim marcadas pela formação de desempenhos." (*Educação & Sociedade*. Campinas, v. 23, n. 80, set. 2002).

da Psicopedagogia, recorrermos às posições já clássicas da denominada Estética da Recepção. Wolfgang Iser (1983) argumentou que a grande lacuna dos estudos literários estruturalistas tinha sido pensar a literatura em si mesma, deixando de pensá-la em suas funções sociais, em seus usos pelos leitores, posição esta que, de certa forma, ele retoma da sociologia da literatura (Lukács, Bourdieu) e da filosofia da linguagem bakhtiniana. Ligando a literatura às suas condições de produção e de uso, Iser afirma que o texto literário, além de acumular esteticamente muitos outros textos, revela e questiona também convenções, normas e valores sociais. Entretanto, assim definida essa função do texto literário, ainda seria necessário estabelecer esteticamente o papel de seu leitor. É nesse ponto que Iser enfatiza o conceito de comunicação, ou melhor, o modelo de interação entre texto e leitor que permite a este participar da arte do texto e compreendê-lo como um processo estético de interlocução, como um sistema textual destinado à interatividade, prevista enquanto proposta pelos vazios do próprio texto. Os automatismos de percepção textual do leitor passariam para um segundo plano, embora, por outro lado, os protocolos culturais estabeleçam limites e regras para as suas ações, como estabelecem para as textualizações. Institui-se assim um jogo entre tais protocolos e o caráter difuso, alógico, do imaginário, configurado e mobilizado pela ficção. Cria-se, ao mesmo tempo, uma ponte e um abismo entre um real social representado ficcionalmente – representação esta que, entre outras dimensões sociais, impõe uma necessidade de interpretação coerente pelo leitor – e a dimensão imaginária envolvida na leitura.

As aproximações epistemológicas entre as diferentes leituras

Numa perspectiva contemporânea, que leva agora em consideração os diferentes discursos, e não apenas o literário, como sistemas complexos, cuja natureza não estaria previamente estabelecida, mas apenas apontando redes possíveis de conexão, separar as habilidades cognitivas, afetivas, estéticas e as competências sociais parece atitude pouco adequada. Diferentes domínios discursivos, entre eles o literário, se definiriam historicamente, tanto em nível de produção quanto de recepção, pela motivação e objetivos predominantes, pelos valores sociais envolvidos, pela interação verbal estabelecida. Todos os domínios discursivos, sem exceção, exigiriam e desenvolveriam habilidades complexas e competências sociais de seus leitores.

Para auxiliar-nos nesse trânsito entre o social e o pessoal, entre o cognitivo e o afetivo, entre o literário e o não literário, sem as dicotomias perigosas do século passado, com suas polemizações não resolvidas, faremos uso de um documento da UNESCO, em seu *Laboratorio Latinoamericano de Evaluación de la calidad de la educación*, escrito por Bernadete Gatti para a série "Documentos". A autora começa afirmando o caráter transdisciplinar da questão de competências e habilidades, que não configura um campo conceitual pacífico. Segundo ela, as habilidades cognitivas

> formam a estrutura fundamental do que se poderia chamar de competência cognitiva da pessoa humana, permitindo discriminar entre objetos, fatos ou estímulos, identificar e classificar conceitos, levantar problemas, aplicar regras e resolver problemas. Elas estão na base dos processos de transferência que propiciam a construção continuada da estruturação de processos mentais cada vez mais complexos na direção da construção/reconstrução de estratégias sociais. (p. 1)

As polêmicas residiriam especialmente no estabelecimento de relações e hierarquias entre essas habilidades humanas e as competências sociais a elas associadas. A perspectiva transdisciplinar tende hoje à identificação de processos e não mais de fatores, como antes fazíamos com o fator *g* (habilidade geral) e os fatores *s* (habilidades específicas). Isso nos alerta para os riscos de tentarmos estabelecer competências e habilidades específicas para a leitura literária, sem levarmos em conta a hibridização e a complexidade dos processos histórico-sociais nela envolvidos.

Não deixa de ser tentador concordar, por exemplo, com Burt (*apud* GATTI, *op. cit*, p. 2), que, após considerar uma habilidade cognitiva geral de primeira ordem, joga para a segunda ordem, em condições de igualdade e proximidade, tanto o raciocínio lógico como a apreciação estética, "ambos pensados como requerendo a apreensão de relações abstratas". Também Guilford, há mais de 30 anos, propôs, segundo Gatti (p. 3-5) uma instigante valorização do que denominou "pensamento divergente", caracterizado por operações mentais funcionando em diferentes direções de busca, com flexibilidade e criatividade, competências sempre desejáveis quando tentamos caracterizar o processamento da leitura literária.

Quando se destaca esse processamento requerido em tarefas nas quais incluímos tal leitura, Gatti (p. 5) cita Snow e Lohman como autores que, nos anos 90, desenvolveram pesquisas sobre componentes dessa habilidade social humana de processar percepções. Aceitar que o próprio ato de perceber seja o exercício legítimo e suficiente de uma habilidade intelectual complexa já é um avanço significativo de nossa época. Snow e Lohman enfatizam as tarefas de codificação de estímulos, comparação de características, uso de regras de indução e aplicação e justificação do sentido de respostas. Trata-se de uma via que permitiria considerar o processamento da leitura literária como desempenho que envolve habilidades simultaneamente intelectuais e estéticas, num nível de interação social constitutivo da própria linguagem, na perspectiva buscada em Bakhtin.

Por outro lado, diferenças individuais passam agora também a ser consideradas como adaptações estratégicas e não como possíveis equívocos. Trata-se de estratégias qualitativamente diferentes, não só ao se iniciar o processamento cognitivo, mas também em meio a ele, por adaptações sucessivas. A denominação para essas idiossincrasias bem-sucedidas é a de "habilidades fluidas de raciocínio" (HAERTEL; WILEY, *apud* GATTI, p. 8), variáveis desenvolvidas em função das dificuldades e novidades encontradas pelos indivíduos durante o processamento. Para a leitura literária, essa mudança de paradigma interessa muito, pois institui um outro modo de encarar as diferenças individuais no processamento linguístico-formal do texto. Em vez de perguntas prévias feitas pelo professor, com suas respostas padronizadas, a assunção desse modelo compreensivo-dinâmico exige que a leitura literária seja processada com mais autonomia, tendo os estudantes direito de seguir suas próprias vias de produção de sentidos, sem que estes deixem, por isso, de serem sociais. Trata-se de uma outra didática da leitura literária, que pode reequilibrar o individual e o coletivo e que se está mostrando necessária, através dos próprios resultados das pesquisas sobre competências e habilidades.

A sociologia dos indivíduos: disposições para a leitura literária

Saindo desses resultados validados estatisticamente pela Psicologia Cognitiva, gostaria de destacar algumas contribuições do sociólogo francês Bernard Lahire, que apresenta, em seu livro *Retratos sociológicos,* publicado na França em 2002, uma perspectiva de análise que leva em conta disposições e variações individuais presentes nas ações sociais cotidianas, entre as quais poderíamos incluir os letramentos. Trata-se não de abordar grupos ou de compará-los, mas de considerar o social "dobrado nas múltiplas atividades, ações, representações individuais, particulares e singulares" (*Op. cit.* p. X). A pergunta que o intriga é: até que ponto as imagens científicas do mundo social podem respeitar essas "dobras" dos indivíduos e até que ponto devem ignorá-las ou destruí-las? Não se trata de uma pesquisa sobre as subjetividades nem sobre suas míticas liberdades românticas, mas de uma atenção sociológica ao movimento incessante entre o que interiorizamos como nosso e o que enfrentamos como situações estranhas, já que somos "modelados por esse mundo que contribuímos para modelar" (Lahire, *op. cit.*, p. 24).

O grande diálogo que Lahire estabelece é com Pierre Bourdieu e com sua abordagem das chamadas "disposições", a qual considera que o passado incorporado pelos indivíduos seja condicionador de seus comportamentos no presente, em vez de trabalhar com as interdependências, com as interações. Num contexto cultural complexo, as influências socializadoras seriam heterogêneas, e isso permitiria que disposições múltiplas pudessem inclusive não ser coerentes umas com as outras. Ele parte também do pressuposto de que as disposições são inferidas e não diretamente observáveis, pois o que podemos observar são apenas as práticas. Outro componente das disposições é o de que são históricas, isto é, não só têm uma gênese como também podem ser reforçadas por solicitações contínuas ou podem ser enfraquecidas por não serem praticadas. Finalmente, Lahire conclui que uma disposição não pode restringir-se a uma resposta a um estímulo, pois constitui "uma maneira de ver, sentir e agir que se ajusta com flexibilidade às diferentes situações" (*Op. cit.,* p.30).

De qualquer modo, Lahire faz questão de distinguir competências de disposições, já que aquelas são capacidades que podem ser mobilizadas voluntariamente, enquanto estas, as disposições, expõem situações em que se evidenciam tendências sociais que não dependem da vontade dos indivíduos.

Essa longa digressão sobre as posições de Bernard Lahire se justifica pela sua possível aplicação aos problemas relativos à leitura literária, tanto como prática social, *literate behavior,* quanto como prática especificamente escolar. O tradicional determinismo na abordagem das disposições faz com que muitos considerem que as camadas pobres da população não detenham disposições para a leitura literária, já que seu passado não se liga ao letramento, especialmente ao de sentido estético. Não fazendo parte das inclinações desses indivíduos, a leitura literária seria de difícil motivação social, restringindo-se a um pequeno grupo de elite cujos pais e amigos próximos permitiram a gênese dessa sofisticada propensão social letrada. Ora, na perspectiva de Lahire, se as disposições podem ser enfraquecidas ou reforçadas, se são históricas, não se pode reduzir previamente a potencialidade de leitura literária a certos indivíduos, excluindo outros. Ela pode ser encarada como situação nova e não interiorizada como "pessoal" por muitos indivíduos pobres, o que exigiria poderosas estratégias de socialização que a incluíssem. Em suma, tornar relevante a competência social de leitura literária depende de prioridades políticas e econômicas, capazes de influenciar opiniões e comportamentos coletivos. Resta saber se tal posicionamento caracteriza o contexto brasileiro contemporâneo. Essa é uma outra questão.

A teoria da complexidade e a leitura literária em perspectiva transdisciplinar

E muitos perguntam: por que a leitura literária deveria ser tomada como uma competência socialmente relevante hoje? Retornando ao que foi destacado no início desta exposição, lembremos que os textos informativos tendem a dominar uma situação social de premência e falta de tempo para acesso a dados que se multiplicam com rapidez, tanto em contextos científicos quanto em contextos midiáticos. As motivações para a leitura literária teriam de ultrapassar esse contexto de urgência e ser encaradas em nível cultural mais amplo que o escolar, para que se relacionem à cidadania crítica e criativa, à vida social, ao cotidiano, tornando-se um letramento literário de fato, ao compor a vida cotidiana da maioria dos indivíduos.

Uma resposta aceitável para essa questão passa necessariamente pelo entorno filosófico da teoria da complexidade e depende de tomadas de posição que não constituem, como afirmou Gatti em seu texto sobre habilidades e competências, um campo pacífico. Passemos agora à teoria da complexidade, em companhia de Edgar Morin (1995), cuja obra vem repercutindo no Brasil, no que tange à literatura, especialmente em trabalhos de Eliana Yunes (2002). O pensamento complexo busca equilíbrios temporários, aceita o acaso, a criatividade e o inesperado como componentes do processo de vida social, questiona a linearidade das ações humanas e atua com base em redes que simultaneamente separam e unem conhecimentos, em sistemas de organização abertos e recursivos que permitem não só a recuperação como a transformação de percursos. Esse posicionamento sociológico/epistemológico, se, por um lado, justifica a relevância social das competências literárias, por outro, as aproxima de outras práticas, de outros discursos, de outras dimensões culturais. Aliás, de modo surpreendente, essa teoria da complexidade vem se fortalecendo mais rapidamente nas chamadas "ciências duras", como Física e Química, que nas Ciências Humanas.

Retomemos o texto de Gatti, no que diz respeito a competências sociais, que ela denomina "vivências socialmente efetivas". Destacando que as habilidades se desenvolvem e se tornam comportamentos quando movidas por motivações, e que estas "são basicamente determinadas pelos valores, pelas percepções e compreensões sociais e políticas", Gatti afirma que "não faz sentido tentar se aproximar de habilidades cognitivas e/ou sociais independentemente das valorizações idiossincráticas, ou representacionais, das expectativas das pessoas" (p. 8). Nas sociedades pós-industriais, Gatti cita pressupostos com os quais trabalhou Raven (*apud* GATTI, *op. cit.* p. 9-14), em suas pesquisas sobre educação e sociedade: há novas compreensões sobre a sociedade em que vivemos e sobre suas organizações, com os papéis desempenhados pelos indivíduos; há necessidade de uma tendência internalizada e continuada destes para analisar os trabalhos das instituições e desejar realizar papéis com efetividade. Assim, as qualidades de ações cognitiva e socialmente relevantes incluem pessoas, valores, percepções, expectativas, compreensões.

Trata-se da defesa de uma educação para a civilidade bem comportada, própria da Unesco, numa perspectiva mais conservadora que a de Morin, já que a teoria da complexidade pressupõe redes e nós, em vez do atendimento a estruturas organizacionais já existentes. Juntar intervenção e crítica com hierarquia e colaboração não parece fácil quando pensamos em atividades de caráter predominantemente estético. Mas talvez seja um outro conceito de arte literária que se esteja construindo, de modo mais socializado que o dos séculos XIX e XX, comprometido com mitos individualistas românticos relativamente às artes.

Ficam, todavia, em pauta, também as considerações de Raven citadas por Gatti no que tange ao construto "iniciativa", que parece mais próximo da teoria da complexidade. Iniciativa nada tem a ver com obediência ao que foi mandado ou pedido; exige trabalho pessoal sobre o assunto, para dar sentido à atividade e pressupõe que a questão abordada permaneça flutuando, fora do centro da consciência, durante um período, para depois ser objetivada. Tudo isso ocorre num contexto social significativo de valores, metas, desejos, conhecimentos prévios e criatividade. Não se trata, pois, mais de separarmos indivíduos e sociedade, no que diz respeito aos níveis políticos, cognitivos, estéticos e afetivos, mas de repensarmos as vias em que se movem as competências, como, por exemplo, objetivos e modos do próprio ato de ler literariamente textos literários, em sala de aula ou em outros espaços socioculturais, para que se evitem os constantes congestionamentos dos poderes.

REFERÊNCIAS

BHABHA, Homi. *O local da cultura*. Belo Horizonte: Editora UFMG, 1998.

GATTI, B. A. *Habilidades cognitivas e competências sociais.* UNESCO -Oficina Regional de Educación para América Latina y Caribe, série "Documentos", [s.d.].

ISER, Wofgang. Problemas da teoria da literatura atual. In: LIMA, Luiz Costa (Org.). *Teoria da literatura em suas fontes.* Rio de Janeiro: Francisco Alves, 1983, p. 359-383.

LAHIRE, Bernard. *Retratos sociológicos.* Porto Alegre: Artmed, 2004.

MORIN, Edgar. *Introdução ao pensamento complexo.* Lisboa: Astória, 1995.

RIBEIRO, Vera Masagão (Org.). *Letramento no Brasil: reflexões a partir do INAF 2001.* São Paulo: Global, 2003.

SOARES, Magda. *Ler, verbo transitivo.* Disponível em: www.LeiaBrasil. org.br. Acesso em: dez. 2004).

YUNES, Eliana (Org.). *Pensar a leitura: complexidade.* Rio de Janeiro: Ed. PUC-Rio; São Paulo: Loyola, 2002.

MEDIAÇÕES EM ESPAÇOS DE LEITURA

Capítulo 3

LITERATURA, LEITURA E ESCOLA. UMA HIPÓTESE DE TRABALHO PARA A CONSTRUÇÃO DO LEITOR COSMOPOLITA[1]

Maria de Lourdes Dionísio

Projetos sociais e políticos para a formação de leitores

De entre os múltiplos objectivos que se podem afirmar para a presença da literatura na escola, especificamente no âmbito da área do Português, o da formação de leitores será, sem dúvida, aquele que mais tem perdurado e que consegue reunir posições consensuais. Consenso, só possível, no entanto, à custa do cancelamento das múltiplas e complexas variáveis que participam na ideia de leitura e leitor subjacentes. "Formar leitores", designadamente na escola, é um objectivo cuja concretização varia – nos textos tidos como legítimos, nos factos linguísticos e textuais apresentados como conteúdos a serem transmitidos e adquiridos, nas práticas escolares sugeridas como mais adequadas – na medida em que varia o entendimento do que é a leitura e, sobretudo, o entendimento das suas funções, num dado contexto social; isto é, em grande medida, as formas que toma a escolarização da leitura variam em função do ideal de sujeito que, em cada momento histórico e social, se quer formar e, naturalmente,

---

[1] Uma primeira versão deste texto aparece já na Revista da Associação de Professores de Português – *Palavras*, 27, 2004, p. 67-74, com o título "Literatura e escolarização. A construção do leitor cosmopolita".

depende do projeto político-social para a escola, enquanto instituição que assume essa formação. É possível, pois, identificar projetos político-sociais nos quais a formação de leitores significa ora a formação de indivíduos capazes de ler rápida, fluente e eficazmente, e de assim serem capazes de responder às demandas sociais e encaixarem-se nos nichos existentes do mercado de trabalho; ora indivíduos flexíveis (*portfolio people*, chama-lhes JAMES PAUL GEE, em texto de 2000a, p. 61-62) e que, também, lendo rápida, fluente e eficazmente, sabem adequar as suas práticas às diferentes situações em que se envolvem comunicativamente e, assim, aos fins que definem – ou lhes são definidos – para a sua leitura; ora, ainda, indivíduos de quem se espera aceitação, consumo do que vem do mercado (incluindo o cultural), a reprodução do senso comum, a assimilação de atitudes e comportamentos. Nestes projetos, as práticas de leitura visadas por tal formação nada terão a ver com a criação de condições para um verdadeiro exercício de cidadania; nada terão a ver com práticas que permitam aos cidadãos exercer o poder sobre a linguagem e, por meio dela, pensar a experiência e compreender alguns dos modos pelos quais o mundo opera (cf. SILVA, 1998, p. 34).

Em contrapartida, é possível pensar projetos que, para a formação de leitores, prevejam práticas susceptíveis de formar sujeitos capazes de, pela leitura,

> construir uma perspectiva pessoal e crítica sobre todos os assuntos que nos rodeiam, na vida, na escola, no trabalho, perspectiva que ajuda a compreender, comentar e, em última instância, controlar a direção das nossas trajetórias de vida, tal como as dos mundos futuros. (GREEN, p. 2001, p. 12)

Hoje, no quadro das sociedades ocidentais, em muito orientadas para a produção e difusão de informação, em que o escrito é cada vez mais central no trabalho e no lazer, com a cada vez maior valorização do acesso *a* e consumo *de* informação, torna-se indispensável interpelar os discursos sobre a formação de leitores a fim de perceber, por meio das dimensões da prática de leitura enfatizadas, qual o projeto que subjaz, por exemplo, às campanhas de promoção de leitura (às vezes, apenas do livro) ou às reorganizações dos *curricula* oficiais.

Da interpelação pode concluir-se que, afinal, não falamos da mesma realidade: projetos há que visam o adestramento dos indivíduos para fazerem coisas com as palavras, de forma rápida, fluente e eficaz, quando outros, pelo contrário, visam capacitá-los para se tornarem questionadores das realidades à sua volta, participantes ativos na mudança social, compreendendo a sociedade e a cultura em que vivem e o papel que podem desempenhar na sua construção e mudança. Pelo meio, um outro projeto pode ainda visar, para além da capacitação dos indivíduos como utentes de bens e serviços, apenas o seu posicionamento como consumidores globais, por exemplo, da indústria da informação e do entretenimento, onde pauta igualmente a indústria dos livros.[2] Neste último caso, muitas vezes associado ao primeiro, trata-se de tornar os indivíduos em bons consumidores dos bens que, entretanto, ajudaram a produzir (cf. GEE, 2000a), num universo em que "o convite à reprodução de atitudes parece ser o único apelo de ação" (OSAKABE, 1995, p. 21). As formas, também escolares, que cada um destes projetos tenderão a assumir, dependerão, assim, da ênfase colocada nas variadas dimensões constitutivas das práticas de leitura: ou estritamente operativas ou culturais ou críticas.

Se o ideal de cidadão é, então, o de alguém que, para além de ser capaz de responder às descrições das exigências instrumentais do mercado de trabalho ou, mais genericamente, a traços datados da vida social (cf. FREEBODY; LUKE, 2003), é

---

[2] A este propósito, veja-se LANKSHEAR & KNOBEL (1998) que afirmam que, nestes contextos, se visa reduzir as pessoas a meros consumidores de histórias. No mesmo sentido, Britto (2003), discutindo a submissão das práticas de leitura "à vontade das empresas de produção de texto e informação", afirma que, por isso, em algumas campanhas para a sua produção, a leitura é apresentada como "narcótico" (p. 86 e sgs.).

apenas um bom consumidor da palavra escrita, a capacidade para compreender palavras e parafrasear textos, de forma rápida, fluente e eficazmente, como Jerome C. Harste (2001) coloca a questão, pode ser suficiente. De certa forma, neste quadro, aquilo que a sociedade pedirá às pessoas acaba por ser um envolvimento acrítico no fluxo de dados, informação e imagens que caracteriza determinadas economias (as atuais) e não necessariamente, como às vezes se acredita e espera, a sua capacitação para poderem "elaborar e reelaborar um conhecimento do mundo que permita ao sujeito, enquanto ser social, a crítica da própria sociedade em que está inserido, bem como da sua própria condição de existência" (BRITTO, 2003, p. 90).[3] Nas palavras deste mesmo autor, as práticas de leitura configuradas em tais projetos (onde se inclui o da promoção da leitura submetida ao mercado de produção de textos e de informação) produzem um conhecimento que

> é essencialmente de aceitação de uma representação de mundo em que as coisas são naturalmente como são [não havendo] engajamento do sujeito com o processo de reelaboração do saber instituído e, muito menos, questionamento dos valores veiculados. E, considerando que um dos conhecimentos que podem resultar da leitura é a reelaboração e ampliação dos mecanismos lingüísticos e argumentativos, a concepção ingênua da leitura sequer contribui para que o leitor amplie sua capacidade de ler, isto é, sua capacidade de interagir autonomamente com discursos elaborados dentro do registo da escrita e referenciados em universos específicos de conhecimento. (BRITTO, *op. cit.*, p. 88-89)

Nesta perspectiva, conceber a leitura apenas como um processo de consumir e armazenar informação é somente uma maneira de continuar a reproduzir as situações de

---

[3] Podemos ver, neste processo de interpelação, a prática de leitura que, segundo Luiz Percival Britto (2003), citando Barthes, "faz vacilar as bases históricas, culturais, psicológicas, do leitor, a consistência dos seus gostos, de seus valores e de suas lembranças, faz entrar em crise a sua relação com a linguagem" (p. 86).

vantagem e desvantagem nas instituídas relações de poder, em nada contribuindo, como muitas vezes se faz crer, para a verdadeira formação de cidadãos.

Embora, nas atuais condições sociais, a capacidade para reconhecer e envolver-se, ao nível operativo, no cada vez mais vasto e complexo universo de signos, tenha um grande valor de troca, e seja inegável que tais capacidades são determinantes no acesso ao mundo do trabalho, a possibilidade de este envolvimento trazer aos indivíduos mais do que os meios para a sua subsistência implica que as pessoas aprendam a usar a linguagem e a escrita para questionar o que parece normal e natural e assim redesenhar e criar mundos sociais alternativos. Esta perspectiva defende que o indivíduo letrado é alguém que sabe que há mais do que uma versão de mundo disponível, e que o que lê ou é dado a ler representa tanto uma seleção como uma abstração de um contexto mais vasto (GREEN, 1988, p. 63), precisando, neste sentido, de ser capaz de interrogar os pressupostos e ideologias que estão inscritos nos textos assim como os pressupostos que eles, como seres socioculturais, trazem para os textos: de quem é esta voz? Quem é silenciado? Que realidade é apresentada? Que realidade é ignorada? Como estou a ser construído por este texto e o que é que ele pretende de mim? Ou seja, de "desenvolver um posicionamento diante dos factos e das idéias que circulam através dos textos" (SILVA, *op. cit.*, p. 27).

O que nesta posição se defende é que as práticas sociais de leitura e escrita envolvem mais do que este nível operativo – o de saber operar com o sistema linguístico. Ser leitor, naquela perspectiva, vai para além da competência técnica, envolvendo, também, o que podemos chamar um nível cultural, isto é: reconhecer e ter consciência de que as práticas de leitura e, mais vastamente, de literacia são sempre mais do que simplesmente uma questão de operar com o sistema linguístico, mas que tais capacidades operativas estão sempre ao serviço de formas autênticas de significação e prática. Isto é, usamos textos sempre para fazer coisas no mundo, para alcançar os nossos fins ou os fins de outros, seja isto no contexto da escola, do trabalho e do dia a dia. Mas quando nos envolvemos em práticas de leitura e escrita, também precisamos de ter consciência que estas práticas envolvem relações sociais, que o contexto, a história e o poder lhes acrescentam significado e que os textos são, por isso, construtos histórico-sociais complexos. Esta dimensão crítica aponta, assim, para a consideração explícita de papéis, estatutos e posições desempenhadas pelas pessoas e representadas pelo conhecimento veiculado.

> Será *leitor* aquele indivíduo que, além da alfabetização e de um domínio pragmático do código escrito, manipule com relativa frequência, por razões de sua inserção social, os valores, sistemas de referência e processos de significação autorizados pelo discurso da escrita. (BRITTO, *op. cit.*, p. 90)

Para se ser, então, leitor, o indivíduo necessita de manter um repertório vasto e flexível de práticas, desempenhar papéis e ativar recursos que deem expressão às dimensões operativas, culturais e críticas, atuando, tanto: como "decodificador", pela mobilização dos recursos necessários para "abrir" o código dos textos escritos, reconhecendo e usando traços e estruturas convencionais da organização do texto; como "participante textual", participando na construção de sentidos, tendo em consideração, por relação com as suas experiências e conhecimentos sobre outros discursos, textos e sistemas de significação, os sistemas de sentido específicos de cada texto; como "utente de textos", usando-os pragmaticamente, negociando as relações sociais à volta dos textos, sabendo sobre eles e agindo nas diferentes funções sociais e culturais que eles desempenham na sociedade (por exemplo, na escola) e compreendendo que estas funções "afectam" o modo como os textos são estruturados, o seu tom, o seu grau de formalidade e a organização dos seus elementos constitutivos. Tratar-se-á, neste uso dos textos, de os relacionar com os seus contextos e saber como, o quê e para quê ler em determinadas situações; por fim, também como "analista e crítico"[4]: analisando e criticando os textos, agindo com o conhecimento de que os textos não são janelas transparentes sobre o mundo, que não são ideologicamente naturais ou neutrais, que dão voz a perspectivas particulares enquanto silenciam outras, que influenciam as ideias das pessoas e que as suas configurações e sentidos podem ser criticados e redesenhados de modos diferentes e pessoais (VASQUEZ, 2003, p. 15). O leitor, enquanto analista, interpela os textos sobre os mundos aí representados,

> *analisa* e *examina* as evidências apresentadas, e, à luz dessa análise, julga-as criteriosamente para chegar a um *posicionamento* diante dos mesmos [...] Além da sensibilidade e da capacidade de julgamento, o leitor crítico não se descuida de, em frente dos textos, *refletir* e *transformar* as idéias por ele produzidas. (SILVA, 1998, p. 28)

Os textos e as práticas do projeto de um leitor cosmopolita

Assumir este projeto social para a formação do leitor não se compagina com a redução do universo de textos, seja em que sentido for essa redução. Hoje, talvez mais do que nunca, não expor, confrontar e envolver, por meio de práticas escolares explícitas, o leitor que se quer formar, à diversidade e complexidade de todas as formas que o escrito pode assumir e às múltiplas famílias de práticas que essas formas, nos seus

---

[4] É no contexto de desenvolvimento daquilo que intitulam como "Four resources model" (desenvolvimento de um primeiro "Four roles model") que Peter Freebody (1992) com Allan Luke (1999; 2003) identificam e caracterizam quatro papéis, ultimamente perspectivados como "famílias de práticas", que os participantes levam a cabo em eventos de leitura e, mais genericamente, de literacia: "code breaker", "text participant", "text user" and "text analist". A assunção básica deste modelo é que a leitura, nas actuais sociedades letradas, requer dos indivíduos um repertório de práticas vasto e flexível, só ele susceptível de fazer frente à complexidade e hibridismo que a palavra escrita hoje assume em grande parte das sociedades ocidentais.

contextos, exigem, é participar, por um lado, em processos de exclusão que reforçam as condições de vida daqueles para quem unicamente a escola pode ser uma garantia de subsistência, produzindo e reproduzindo ainda mais níveis da pirâmide do que o velho capitalismo da era industrial, e, por outro, contribuir para o risco acrescido que as sociedades correm ao permitir desenvolver gerações de agentes passivos, exclusivamente orientados para o consumo.

O projeto de formação de um leitor que tome parte, fluentemente, eficazmente e criticamente nos múltiplos eventos textuais e discursivos que caracterizam as economias semióticas contemporâneas (FREEBODY; LUKE, 2002), aquele que compreende o local à luz do global e vice-versa, o presente à luz do passado, aquele que se serve dos textos, de todos os textos, sejam eles de livros ou electrónicos, sejam eles do quotidiano ou artísticos, para perceber o que se passa à sua volta, uso esse filtrado por um ideal de uma vida digna e de realização pessoal para todos, é um projeto que aspira ao sujeito cosmopolita, no sentido de que o mundo que habita não é apenas a rua onde mora.

O problema da formação de leitores não reside, assim, exclusivamente nos textos a escolher para a leitura escolar. Estejam eles inscritos em situações comunicativas mais imediatas e constituam extensões do universo imediato dos indivíduos, sejam eles formas de expressão artística, legadas por gerações, é a meta que se tem para a formação do cidadão-leitor que evidenciará as diferenças ou, pelo contrário, as anulará. Neste sentido, a leitura analítica e crítica não é exclusiva de um ou outro objeto textual que a vida social disponibiliza, como também não é a leitura de decodificação e paráfrase que visa a mera aceitação e assimilação, e como vimos a produção de consumidores acríticos da informação (e das histórias) por outros produzidas.[5]

---

[5] Que não há tal diferença é o que também se pode concluir de algumas posições que reivindicam a literatura como objecto exclusivo das práticas de ensino da língua, na medida em que, dizem, os objectivos instrumentais para

Uma hipótese de trabalho para a escolarização da leitura e da literatura

No que diz respeito à literatura, apresenta-se esta muitas vezes como o objeto que potenciará atitudes humanistas por oposição às perspectivas funcionais onde pontuam textos que espelham a vida quotidiana das pessoas. Contudo, a história tem-nos vindo a mostrar que a presença da literatura na escola, ainda que alguma consideração e deferência mostre para com a herança cultural e a arte, não significa necessariamente o abraçar de um projeto de dignificação do homem, no sentido em que lhe permita, com esta leitura, fazer entrar em crise a sua relação com a linguagem, interpelar as bases históricas e culturais dos universos literários, pôr em conflito as suas convicções, os seus gostos e os seus valores e os dos outros, como atrás vimos ser marca de um leitor no pleno sentido da palavra.

Podendo qualquer texto ser submetido ao escrutínio, à avaliação, suspeita, reflexão e, assim, promover a autoavaliação e a transformação de que nos fala Ezequiel Theodoro da Silva no texto que temos vindo a citar, reconhece-se que a literatura possa cabalmente suscitar tais atitudes e posicionamentos e contribuir para o exercício de um cosmopolitismo comprometido socialmente, mas sabemos também que pode ser usada para fins tão pragmáticos e até menos socialmente relevantes quanto a notícia do jornal, o texto de divulgação, a reportagem, o anúncio.

A história da sua escolarização está cheia desses exemplos. Exemplos de como os textos literários são transformados, na escola, em textos informativos, em textos formativos, em pretextos para exercícios de metalinguagem (cf. SOARES, 2003) e de aplicação de rotinas que mais não são que um exercício

---

a formação de leitores fluentes, eficazes e rápidos, exigidos pelo mercado de trabalho e inexistentes à luz das avaliações internacionais, também se podem conseguir com a sua leitura. Não sendo naturalmente assim, reconhece-se em qualquer caso que, para aprender tipologias textuais ou metalinguagens particulares, qualquer texto serve.

simbólico de marcação de estatutos. Programas (parâmetros curriculares), manuais (livros didáticos) e práticas conjuram-se na consolidação de um conceito redutor, restrito e pragmático de literatura, reduzido a um cânone escolar, definido, muito tempo atrás, para um projeto educativo aparentemente em tudo diferente daquele que hoje se anuncia. "Miniaturizada na condição de textos", a maior parte das vezes recortados, transformados e normalizados, fora dos seus contextos primários de existência e circulação, "o conceito de literatura aí proposto isola uma parte – o texto – do todo [...] A literatura fica de fora da escola, reproduzindo-se, nesse jogo de empurra, o processo de sua elitização" (ZILBERMAN, 2003, p. 258). Não é, portanto, o facto de existir mais ou menos literatura na escola que as práticas de leitura que, aí, ela suscita deixam de apagar as múltiplas dimensões envolvidas no ato de ler, que anulam a possibilidade de qualquer interrogação, dúvida, transcendência. Pelo contrário, o leitor de literatura construído pelas práticas de escolarização, sobretudo as configuradas nos manuais, é aquele que não existe enquanto construtor de sentidos, mas sim enquanto assimilador de sentidos apresentados por outros; é aquele para quem o texto se apresenta como um amontoado de factos retóricos, diegéticos e poéticos que, esvaziados de qualquer valor significativo, se têm simplesmente de assinalar e reconhecer em situações futuras, concretamente, nos testes e nos exames. Quanto à possibilidade de resistência, de conflito, da existência de diversas leituras, de pensamento profundo, envolvimento intelectual, relação crítica com o mundo, "desencadeadoras do sentir-pensar" (LOPES, 2003, p. 19), na escolarização da literatura são práticas proibidas. A única interação que a literatura promove na escola é a de responder a perguntas por outros colocadas (cf. DIONÍSIO, 2000).

A leitura da literatura em qualquer nível de escolarização, e muito particularmente no secundário, depende de conhecimentos que são apresentados previamente, servindo os textos literários apenas para a sua ilustração e comprovação e correspondendo "à aquisição (e ao estudo) de conhecimentos que são apresentados sob a forma de conteúdos que correspondem a respostas "corretas" e "únicas" sobre os textos literários" (RODRIGUES, 2000, p. 122). Haverá algo de mais funcional?

Por tudo isto, reivindicar a presença da literatura na escola, à revelia, insistimos, do projeto político que para esta queremos, apenas servirá para iludir que são determinadas práticas em que se fazem envolver os indivíduos que contribuirão para a formação de indivíduos capazes de combater "assiduamente qualquer tipo de conformismo, qualquer tipo de escravização" (SILVA, 1998, p. 26).

Adoptar um tal projeto social e político para a formação de leitores, assim informado por uma dimensão crítica que não reduza os indivíduos a simples decodificadores e utentes textuais, pode até trazer mais significado e valor à literatura na escola.

De facto, ter em conta este projeto significará: ajudar os alunos a gerar e envolver perspectivas interculturais, contrastivas e históricas sobre os novos tempos, culturas, lugares do passado, presente e futuro; ajudá-los a envolver-se com outras culturas e corpos através do tempo e do espaço; ajudá-los a problematizar as culturas e o conhecimento dos textos sujeitando-os a um debate crítico, a julgamento; a criar condições que permitam a compreensão de como e em cujos interesses as instituições sociais e os textos refractam e torcem a realidade social e natural, manipulam e posicionam leitores e escritores (LUKE; O'BRIEN; COMBER, 2001, p. 114); a desenvolver capacidades que são "autoprotetivas" contra o trabalho regulador, comercial, político e ideológico levado a cabo pelas novas tecnologias de escrita e de difusão da informação e do conhecimento; a tornar-se *insiders* de ordens do discurso, membros ativos de comunidades de práticas, desejavelmente mais do que consumidores, mais do que anónimos de um "grande público" relegado "para o nível mais triste" da condição humana: "a domesticação" (cf. Lopes, 2003, p. 23).

Tudo isto significa uma escolarização que considere as condições sociais, históricas, económicas e culturais de produção e interpretação; práticas que requerem dos alunos a capacidade de identificar e especular sobre as agendas institucionais, ideologias, agentes e agências por detrás do texto, bem assim como a falar dos seus (e dos outros) pontos de vista sociais, culturais, éticos e estéticos, projetos comuns, recursos e posições culturais.

Aulas que requerem mais do que uma análise técnica da linguagem, mas também a leitura de culturas, à volta, por detrás, por debaixo, ao longo de, depois e dentro do texto, num *"desfiar e refiar o avesso do avesso de um texto no sentido de chegar às suas entranhas* [...] penetrando nas entranhas dos fenómenos da realidade na medida em que mundo e linguagem não são entidades separadas" (Silva, 1998, p. 34).

É neste contexto de necessidade de práticas de literacia multimodais e variadas a que alguns grupos só na escola têm acesso que a literatura – os textos literários e todos os outros produzidos à sua volta – de todos os tempos e lugares é um campo com condições adequadas para participar também na concretização de tal projeto. As tarefas requeridas, por exemplo, pela instância crítica podem encontrar, nas especificidades das condições de produção e interpretação destas formas humanas de expressão, o terreno para um pensamento reflexivo, para a análise de diferentes experiências pessoais, para o confronto de diferentes grupos e linguagens.

Neste projeto de construção escolar do leitor cosmopolita, aspira-se a que os textos, todos os textos, estejam ao serviço dos jovens alunos e dos seus professores, sem exclusões, nem comparações. Isto, obviamente, só será possível se o que se quiser promover for o indivíduo e não, em primeiro lugar, o livro ou a leitura.

Referências

BRITTO, Luiz Percival Leme. Leitura e política. In: EVANGELISTA, Aracy Alves M. ; BRANDÃO, Heliana, M. B.; MACHADO, M. Zélia V. (Orgs.). *A escolarização da leitura literária. O jogo do livro infantil e juvenil.* Belo Horizonte: Autêntica, 2003, p. 77-91.

HARSTE, Jerome C.. *The Halliday plus model.* Texto apresentado na InterLERN workshop, Mississauga, ON (mns. policopiado), 2001.

DIONÍSIO, Mª de Lourdes. *A construção de comunidades de leitores. Leituras do livro de português.* Coimbra: Almedina, 2000.

FREEBODY, Peter. A socio-cultural approach: resourcing four roles as a literacy learner. In: *Prevention of reading failure*, A. Watson & A. Badenhop (Eds.). Sydney: Ashton Scholastic, 1992, p. 48-60.

FREEBODY, Peter; LUKE, Allan. Literacy as engaging with new forms of life: the "four roles" model. Draft disponiblizado pelos autores, 2002.

GEE, James Paul The new literacy studies. From 'socially situated' to the work of the social. In: BARTON, David; HAMILTON, Mary; IVANIC, Roz, *Situated literacies. Reading and writing in context.* London and New York: Routledge, 2000a, p. 180-196.

GEE, James Paul. New people in new worlds. Networks, the new capitalism and schools. In: COPE, Bill; KALANTZIS, Mary (Eds.). *Multiliteracies. Literacy learning and the design of social futures.* London and New York: Routledge, 2000b, p. 43-68.

GREEN, Bill. Subject-specific literacy and school learning: a focus on writing. *Australian Journal of Education*, 32 (2), p. 156-179, 1988.

GREEN, Pam. Critical literacy revisited. In: FEHRING, Heather; GREEN, Pam, *Critical Literacy: a collection of articles from the Australian Literacy Educators' Association.* Newark/DE: International Reading Association, 2001.

LANKSHEAR, Colin; KNOBEL, Michele. New times! Old ways? CHRISTIE, Frances; MISSION, Ray (Eds.), Literacy and schooling. London/New York: Routledge, 1998, p. 155-177.

LOPES, Silvina Rodrigues. *Literatura, defesa do atrito.* Lisboa: Vendaval, 2003.

LUKE, Allan; FREEBODY, Peter. Further notes on the four resources model. *Reading Online* 26/10. <http://www.readingonline.org>, 1999.

LUKE, Allan; O'BRIEN, Jennifer; COMBER, Barbara. Making community texts object of study. In: FEHRING, Heather; GREEN, Pam, *Critical Literacy: a collection of articles from the Australian Literacy Educators' Association*. Newark/DE: International Reading Association, 2001.

LUKE, Allan; CARRINGTON, Victoria. Globalisation, literacy, curriculum practice. In: FISHER, Ros; LEWIS, Maureen; BROOKS, Greg (Eds.). *Language and literacy in action*. London: Routledge/Falmer, p. 231-250, 2002.

OSAKABE, H.. O mundo da escrita. In: ABREU, Márcia (Org.), *Leituras no Brasil*. Campinas: Mercado de Letras/ALB, 1995.

RODRIGUES, Angelina. *O ensino da literatura no ensino secundário. Uma análise de manuais para-escolares*. Lisboa: ME/IIE, 2000.

SOARES, Magda. A escolarização da literatura infantil e juvenil. In: EVANGELISTA, Aracy Alves M. *et al.* (Orgs.), *A escolarização da leitura literária. O jogo do livro infantil e juvenil*. Belo Horizonte: Autêntica, 2003, p. 17-48.

SILVA, Ezequiel Teodoro. *Criticidade e leitura. Ensaios*. Campinas: Mercado de Letras/Associação de Leitura do Brasil, 1998.

VASQUEZ, Vivian Maria. *Getting beyond "I like the book". Creating space for critical literacy in K-6 classrooms*. Newark/DE: International Reading Association, 2003.

ZILBERMAN, Regina. Letramento literário: não ao texto, sim ao livro. In: PAIVA, Aparecida *et al.* (Orgs.), *Literatura e letramento. Espaços, suportes e interfaces. O jogo do livro*. Belo Horizonte: Autêntica/CEALE/FaE/UFMG, 2003, p. 245-266.

Capítulo 4

DA "LEITURA LITERÁRIA ESCOLAR" À "LEITURA ESCOLAR DE/DA LITERATURA": PODER E PARTICIPAÇÃO

António Branco[1]

À Lourdes Dionísio

O conceito de "literacia", recentemente introduzido em Portugal,[2] tem sido usado, sobretudo, para denunciar alegadas insuficiências no domínio da leitura e da escrita por parte da população portuguesa, em geral, e dos jovens que frequentam as escolas, em particular, que se traduziriam numa incapacidade de utilizar a tecnologia da escrita para compreender ou produzir textos. Essa perspectiva assenta no falso binómio *literacia/iliteracia* para nomear antiteticamente condições definitivas de aquisição de capacidades de leitura e escrita por indivíduos integrando uma sociedade letrada, nuns casos com sucesso cabal e, no outro, com total ou elevado grau de insucesso.[3] A sociedade (letrada) seria, assim, constituída

---

[1] Trabalho realizado com o apoio da FCT e incluído no subprojecto *Língua, Literacia, Literatura*, do Centro de Estudos Linguísticos e Literários/UALG. Ainda no âmbito deste projecto, tenciono preparar outro texto, complementar do presente, sobre o problema dos limites interpretativos da leitura escolar de/da literatura, dada a impossibilidade de o fazer aqui.

[2] Podem ser encontradas informações sobre este processo em PINTO (2002). Para a relação entre este termo e o de "letramento", usado no Brasil, assim como para as suas várias concepções, consulte-se SOARES (1998).

[3] Uma busca condicionada a Portugal, realizada no Google (www.google.pt), às 22 horas do dia 3/9/05, encontrou 901 resultados para a palavra *iliteracia* (em conteúdos muito variados, que incluem: notícias, artigos de opinião, textos de blogues, programas ou textos de opinião académicos, textos publicados em páginas do governo, textos de conferências, textos publicados em páginas de associações, entrevistas, projectos educativos de escolas, contos, etc.)

por dois grupos: o daqueles que dominam habilidades de leitura e escrita (possuidores de *literacia*) e o daqueles que as não dominam (e, por isso, se encontrariam em estado de *iliteracia*). Para além da óbvia simplificação que tal dicotomia opera sobre uma realidade muito diversificada e complexa,[4] ela configura uma relação que, evidentemente, confere ao primeiro grupo o poder social e político de balizar as práticas de literacia do segundo (e nunca o contrário) e pretende, em simultâneo, induzir neste o desejo de identificação com as concepções de leitura e escrita do primeiro (constituído como exemplo a seguir), num modelo sociológico assim caracterizado por Bourdieu:

> Em suma, o livre jogo das leis da transmissão cultural faz com que o capital cultural retorne às mãos do capital cultural e, com isso, encontra-se reproduzida a estrutura de distribuição do capital cultural entre as classes sociais, isto é, a estrutura de distribuição dos instrumentos de apropriação dos bens simbólicos que uma formação social selecciona como dignos de serem desejados e possuídos. (2001, p. 297)

No que diz respeito aos jovens que frequentam as escolas (de todos os níveis, incluindo o ensino superior), esta concepção introduz um estigma que os diminui, através de "diagnósticos" abusivos amplamente divulgados (não sabem ler, não sabem escrever), que nada dizem sobre as suas práticas efectivas de literacia, ou seja, sobre os usos diários que fazem da leitura e da escrita, em contexto escolar e noutros – e elege um modelo de "língua" (escolarizável e socialmente legitimável) em tudo similar à que Britto identifica, para o caso brasileiro, como "norma culta", também ele impregnado dos equívocos e preconceitos aí denunciados e revistos (2003).[5]

---

[4] Indico alguns estudos esclarecedores: BARTON (1996), GEE (1996), SOARES (1998) e RIBEIRO (2003).

[5] Este e outros estudos realizados no Brasil e em Portugal demonstram a necessidade e utilidade de cada vez mais se instituírem parcerias entre grupos dos dois países – à imagem do que acontece com o Projecto AVAL,

Estas estratégias discursivas amplamente difundidas, quase sempre de forma acrítica e desinformada, servem igualmente para a desvalorização de professores e de escolas pelo grupo dominante a que os *media* dá a primazia da voz, no que pode ser lido como tentativa de domínio ideológico e político da "escola de massas"[6] inventada pela democracia do pós-25 de Abril, reconduzindo-a aos trilhos da "escola elitista" do regime autoritário que a antecedeu. Raramente, contudo, as denúncias recaem sobre os próprios princípios orientadores da formação escolar em Língua Materna que, aparentemente apoiada numa matriz de participação cidadã, acabam por criar as condições pedagógicas para a antítese disso.[7]

Um entendimento da(s) literacia(s) enquanto conjunto de práticas socialmente construídas que envolvem a leitura e a escrita, geradas por processos sociais mais amplos, e responsáveis por reforçar ou questionar valores, tradições e formas de distribuição de poder presentes nos contextos sociais" (SOARES 1998, p. 74-75), perspectiva que adopto, não só impossibilita o termo *iliteracia* (justamente por considerar que a inexistência de uma "literacia nula" em sociedades letradas, já que todos os indivíduos que nela participam se relacionam, de alguma forma, com a leitura e a escrita, apropriando-se e fazendo delas usos muito diferenciados, é certo, mas efectivos),[8] como enquadra as diferentes práticas individuais

---

que envolve investigadores do CEALE (UFMG, Belo Horizonte) e do CIEP (UM, Braga) e é coordenado, respectivamente, por Antônio Augusto Gomes Baptista e Maria de Lourdes Dionísio –, dadas as semelhanças notórias entre as duas realidades, no que às questões da literacia/letramento diz respeito. Compare-se, por exemplo, CASTRO (1995) com BATISTA (2001).

[6] O conceito de "escola de massas" alberga, em si mesmo, a matriz neoliberal que encara o universo dos cidadãos como colectivo indiferenciado de consumidores (as diferenças sociais, económicas e culturais dos vários grupos de indivíduos só interessam enquanto informação relevante para a produção de mecanismos de *marketing* mais eficazes, no sentido do aumento do próprio consumo).

[7] Ver, a título de exemplo, a minha proposta de análise (BRANCO, 2005).

[8] Por não ser objectivo do meu trabalho a análise dos aspectos relacionados com as várias formas de práticas de literacia, remeto novamente para o texto

ou grupais na sua dimensão histórico-social, chamando a atenção para a necessidade de analisar e compreender os eventos e as práticas de literacia na relação com os contextos complexos em que ocorrem e com as "falas" implícitas ou explícitas que as condicionam.[9] Ora, um dos contextos formais mais propiciador dessas práticas é a Escola,[10] sobretudo no que às crianças e aos jovens diz respeito, mas, também, aos adultos envolvidos nesses processos (funcionários e professores), embora em muitos outros lugares, organizados ou não em torno da leitura e da escrita, ocorram experiências relevantes que contribuem para o uso e o desenvolvimento das literacias dos sujeitos.[11]

Uma das práticas de literacia escolar mais habitual é a da chamada "leitura literária" que, em Portugal, domina quase totalmente os discursos, os instrumentos pedagógico-didácticos e as actividades das aulas de Português e com ela relacionadas, naquilo a que já chamei orientação *literaturocêntrica* da educação escolar em língua materna (BRANCO, 2005). Embora existam reflexões sobre o que ela deve ser e estudos sobre o que ela tem sido,[12] não me parece que estejam esgotadas as possibilidades de análise das várias facetas do conceito e da sua relação com as literacias. Por isso, divido o meu texto em duas partes: na primeira, perscrutarei o próprio conceito, interrogando-o nos seus pressupostos teóricos e ideológicos

---

recensório de Pinto (2001, particularmente nota 23, p. 116) e para os estudos indicados na nota 3.

[9] Por isso, volto a concordar com Britto: "Na tendência política [das interpretações conceituais de letramento], parte-se do pressuposto de que toda ação e conhecimento humano são política. Neste caso, a noção de sujeito é captada em função de relações histórico-sociais. A educação e a aprendizagem são consideradas a partir da desigualdade, da diferença e disputas no interior da própria sociedade" (2003, p. 13).

[10] Uso esta palavra para designar todos os espaços formais de instrução, desde a educação de infância ao ensino superior.

[11] Ver Ribeiro, 2005.

[12] Remeto para os seguintes estudos realizados em Portugal: MELLO (1999), DIONÍSIO (2000), RODRIGUES (2000) e CASTRO (2003).

e no que se conhece da sua concretização em contextos escolares; na segunda, procurarei discutir a sua pertinência à luz do entendimento das literacias que adoptei.

Leitura literária e relações de poder

O verbo *ler* é gramaticalmente transitivo, e dessa constatação nasce uma outra: a da inevitável transitividade do acto de ler. Assim, para um falante do Português, esse verbo pressupõe sempre um objecto gramatical (um livro, uma carta, o jornal, um manual de instruções, um mapa, um *sms*,[13] os lábios da Maria, o comportamento do Pedro, as estrelas, etc.), independentemente do carácter mais ou menos metafórico[14] do seu uso, que pode variar consoante o complemento selecionado. Por isso, ninguém conseguirá interpretar, a não ser num plano orientado por princípios de verossimilhança específicos e em tudo diferentes do que pressupõem as afirmações anteriores, a terceira fala dum diálogo curto como o que a seguir imagino:

> X: O João está a ler.
> Y: Está a ler o quê?
> X: Nada... Está apenas a ler.

Os diferentes objectos passíveis de completarem a estrutura sintáctica da primeira fala parecem configurar procedimentos diferenciados: ler o jornal não será a mesma coisa que ler um *sms*, nem no que diz respeito ao suporte da escrita nem às finalidades nem, ainda, às convenções necessárias a uma leitura produtiva. Daí poder falar-se de "transitividades

---

[13] Sigla de "short message service", usada em Portugal para designar as mensagens escritas enviadas por telemóvel.

[14] Manguel fornece uma lista muito variada dessas possibilidades, em frases como "o arquiteto japonês lendo a terra sobre a qual será erguida uma casa", "o tecelão lendo o desenho intrincado de um tapete sendo tecido" ou "o pescador havaiano lendo as correntes do oceano ao mergulhar a mão na água" (1997, p. 19).

específicas" ou "práticas de leitura concretas e específicas", a partir da convicção de que os diversos procedimentos ou objectos de leitura ao nosso alcance poderão ser agrupados em famílias ou géneros, com base em características intrínsecas ou extrínsecas, convenções (macro)estruturais, funções ou tradições interpretativas comuns (para referir, pelo menos, quatro polos que costumam intervir na apreciação desta questão: o do texto, o do arquitexto, o do contexto e o do leitor). Desse ponto de vista, a "leitura literária" corresponderia à necessidade de designar, especificamente, um conjunto de práticas de leitura associadas a um grupo de objectos: os textos literários – o que supõe o reconhecimento da literatura enquanto tal, seja numa perspectiva mais imanentista, seja noutra mais histórico-social, por exemplo.

Explico, então, o que entendo por "leitura literária": a adjectivação implica, do meu ponto de vista, um certo grau de especialização do acto de ler textos considerados literários, incluindo tanto os instrumentos da leitura utilizados quanto a própria consciência dos parâmetros configuradores da decisão do sujeito-leitor relativamente à natureza (literária) desses textos. Efectivamente, distingo "leitura literária" de "leitura de/da literatura" nos mesmos termos em que o faria para a díade "leitura jurídica"/"leitura de leis".[15] No(s) primeiro(s) caso(s), suponho que os indivíduos com algum grau de especialização estão mais preparados para darem conta dos aspectos específicos dos textos em causa, em determinados contextos especializados. No(s) segundo(s), espero que qualquer indivíduo letrado possa produzir sentido(s) legítimo(s) com esses mesmos textos.

---

[15] Excluo, voluntariamente, das minhas considerações uma outra possibilidade de realização destes conceitos: aquela em que um determinado indivíduo com algum grau de especialização leia qualquer texto ou situação a partir de uma modalidade "literária" ou "jurídica", ou seja, usando instrumentos específicos de uma certa área para produzir interpretação noutra, como num contexto imaginário em que alguém leia "literariamente" uma notícia ou "juridicamente" um conto.

Ora, a história da crítica literária dos últimos dois séculos (pelo menos)[16] demonstra à saciedade que podemos considerar a existência de tantas "leituras literárias" quantos os movimentos teóricos (mais ou menos organizados) que sobre esse problema se foram debruçando, sendo possível até identificar perspectivas que negam totalmente qualquer viabilidade a uma identificação autónoma da literatura e da leitura que dela se faz/pode fazer (como é o caso do conjunto heterogéneo de ensaístas commumente integrados nas "teorias da desconstrução").[17] Essa mesma história alerta-nos, ainda, para a complexidade do conceito, na medida em que, mais do que para o conseguirmos definir, serve para compreendermos que os produtos derivados do uso de cada uma dessas modalidades são metodológica e ideologicamente determinados. Por este motivo, considerei necessário distinguir, em texto anterior, "leitura especializada" de "leitura escolar" (de/da literatura) e alertei para os perigos de a segunda, contextualizada em práticas escolares, se deixar dominar pelos processos históricos e pelos conflitos inerentes ao campo da primeira (BRANCO, 2004). Será, por isso, falácia epistemológica a afirmação da existência de *uma* forma específica de "leitura literária", omitindo o que acabo de recordar. A pergunta (implícita no singular do conceito em análise) não é, consequentemente, *o que é (ou deve ser) a leitura literária?*, mas, sim, *que leitura literária é esta, porque se pratica deste modo, que conhecimentos ou instrumentos são necessários para a praticar e que resultados produz, exclui ou (im)possibilita?*[18]

---

[16] Podem-se encontrar boas recensões da História da Crítica Literária em GARCÍA BERRIO (1978 e 1980), AGUIAR E SILVA (1983), POZUELO YVANCOS (1989) e COMPAGNON (1998).

[17] Ver CULLER (1983).

[18] No texto já referido, defendo que todos esses "modos de ler" legados pela História da Crítica Literária podem interessar à Escola, não enquanto receita ou conteúdo, mas enquanto procedimento e técnica escrutináveis e

Introduzo, agora, dois outros conceitos que me serão úteis: o de leitor "profissional" e o de leitor "amador", sem qualquer intenção de os hierarquizar, mas apenas para distinguir diferentes práticas de literacia. O primeiro designa os leitores que se especializaram numa certa "transitividade específica" da leitura (supõe-se, por exemplo, que o médico é um leitor profissional do prontuário médico; que o advogado é um leitor profissional das leis; que o linguista é um leitor profissional dos artigos da especialidade; etc.). O segundo nomeia os leitores não especialistas que fazem uso dos textos em situações também elas não especializadas. Qualquer cidadão pode consultar um prontuário médico para procurar uma informação sobre um determinado medicamento, mas, se a sua finalidade for semelhante à do especialista, nunca terá garantias da adequação da sua leitura. Um dos problemas da relação entre as leituras literárias profissionais e a leitura escolar de/da literatura reside, na minha opinião, num equívoco resultante da diluição (voluntária ou involuntária) desta diferença e de outra, que passo a explicitar.

A profissionalização da leitura literária, em consequência do grande desenvolvimento das universidades e, em particular, dos cursos de letras, ao longo dos séculos XIX e XX, originou um vasto *corpus* de textos *sobre a literatura*, de natureza muito variada. Note-se, não obstante, que as leituras literárias especializadas ou profissionais só podem ser conhecidas e aferidas no universo que compreende esses textos e os textos literários a que eles se referem. Por outras palavras, os modos de ler do especialista dos estudos literários são necessariamente determinados pela sua inscrição (enquanto leitor e escrevente) nesse *continuum discursivo* estruturante de um certo entendimento da literatura.[19] De

---

reutilizáveis noutros contextos (não especializados) de leitura de/da literatura (BRANCO, 2004).

[19] Bourdieu vai mais longe na análise do universo referencial dessa cultura especializada (em que incluo os actos discursivos a que me referi): "A cultura

certa forma, as leituras literárias especializadas apropriam-se profissionalmente desse objecto histórico e social, para lhe conferirem uma identidade que legitima a sobrevivência da própria profissão, e, em consequência disso, instrumentalizam a literatura, ainda que com a intenção genuína de produzir saberes úteis ou aproveitáveis por outras comunidades de leitores. Só que essa apropriação não pode nem deve ser confundida com a própria literatura nem com as possibilidades de práticas que ela, enquanto *lugar socializável de leitura*, oferece. Ou seja, a legitimidade das leituras literárias profissionais termina no momento em que o uso que o leitor pretende fazer de um dado texto é inconfundível com o uso que o profissional lhe dá. Regresso ao exemplo do prontuário médico: não será legítimo que eu o leia para receitar um medicamento a outra pessoa (tarefa que a sociedade em que vivo atribuiu ao médico),[20] circunstância em que se admite a intervenção do especialista para controlar a minha leitura e a corrigir, rejeitar ou, até, condenar. Nesse caso, o poder do especialista é legitimado pelo reconhecimento (legal, social) da própria função exercida. Mas já é admissível que eu produza uma leitura do prontuário para tentar compreender por que razão certo medicamento me foi receitado, que efeitos secundários poderá ele provocar, etc., com a finalidade de, por exemplo, pedir esclarecimentos ao médico que mo prescreveu. Posso imaginar outro cenário em que não é aceitável o domínio do médico-leitor sobre a minha leitura: aquele em que consulto o prontuário para me elucidar e, dessa forma, tentar combater um poder profissional abusivo (caso em que esse manual me pode fornecer

---

letrada, erudita, define-se pela referência; ela consiste no permanente jogo de referências que dizem respeito mutuamente umas às outras; ela não é nada mais do que esse universo de referências que são indissoluvelmente diferenças e reverências, distanciamentos e atenções" (2004, p. 144-145).

[20] Se eu quiser usar o prontuário desta forma, terei que disponibilizar-me para convencer a sociedade de que fazê-lo é um direito meu, combatendo os princípios que distribuíram essa competência ao médico.

uma lista de doenças possíveis para o medicamento que o médico me receitou sem me informar explicitamente sobre o meu estado). Nesta situação, para parafrasear uma conhecida cantiga de intervenção portuguesa, a leitura é uma arma.[21]

Ora, sempre que, em contexto(s) não especializado(s), o acto de leitura do amador é aferido pelos parâmetros do acto de leitura do profissional, estabelece-se entre os dois uma relação de poder que aprisiona o primeiro nas malhas das competências profissionais e sociais do segundo, porque o coloca, irremediavelmente, na posição de *insuficiência e inadequação de saberes ou de habilidades*. Um exemplo dessa atitude é o que se pode encontrar nesta passagem do Programa de Literatura Portuguesa:

> Necessariamente que *as leituras e conclusões do aluno serão incipientes e incomparáveis com a sabedoria dos estudiosos*, contudo, é necessário insistir na importância dos contactos efectivos com as obras, que deverão preceder a leitura ou a apresentação dos textos secundários (históricos, críticos, etc.). Com isto *não se entenda que as leituras iniciais do aluno são produtos acabados de legitimação imediata*. Contudo, as situações de *sobreinterpretação*, os *abusos subjectivos*, as *projecções*, os *anacronismos*, poderão ser considerados como *ponto de partida para um trabalho efectivo de atenção, discussão, investigação e aprimoramento*. (COELHO *et al.*, 2001, s/p, itálicos meus)

Os vocábulos "incipientes", "legitimação", "sobreinterpretação", "abusos subjectivos", "projeções" e "anacronismos", ainda que as autoras não os explicitem, só podem ser interpretados com base no tipo de relação que acima descrevi, ou seja, a partir do poder conferido ao especialista ("a sabedoria dos estudiosos") pelo que ele é capaz de fazer com o mesmo texto (e que se supõe ser o contrário: leitura não sobreinterpretativa, objectividade ou subjectividade não abusiva, sem projecções, e leitura não anacrónica, atitudes

---

[21] Estou a referir-me a uma conhecida composição de José Mário Branco: *A cantiga é uma arma* (1976).

para que remete o final da citação – *ponto de partida para um trabalho efectivo de atenção, discussão, investigação e aprimoramento*). O preconceito implícito nesta atitude discretamente prescritiva resulta de uma confusão, produtora da relação de poder já mencionada: o objecto mais parecido com o prontuário médico do exemplo acima referido não é a literatura, mas o ensaio teórico, o estudo monográfico, uma história da literatura, etc.; e esse *corpus textual especializado* não se (con)funde com os textos literários nem esgota as possibilidades de práticas legítimas da sua leitura. Esse mesmo preconceito subjaz à concepção escolar da literatura "enquanto corpo de conhecimentos a adquirir – textos literários, circunstâncias de produção e recepção e outros saberes de ordem teórica" (COELHO *et al.*, 2001, s/p): nesse uso metonímico do vocábulo "literatura" para representar os estudos literários se consubstancia o preconceito enunciado. Sempre que a leitura de/da literatura na Escola é regulamentada (explícita ou implicitamente) pelos modos de ler profissionais (o que implica, também, concepções particulares do próprio objecto), a diferença entre as leituras dos especialistas e as dos alunos aparece inevitavelmente como *desfasamento* ou *desvio*, em cuja amplitude se estabelece o exercício dum poder – não escrutinável pelo sujeito que a ele é submetido. Por isso rejeito o conceito de "transposição didáctica" (CHEVALLARD, 1984, p. 14; p. 39), que acentua esse tipo de relação, na medida em que, tanto do ponto de vista etimológico como da dinâmica criada, ele gera um movimento de adaptação que parte dos saberes académicos especializados para chegar à Escola, transformando-a, e aos sujeitos nela incluídos, em receptáculo. Em seu lugar, sugeri o de "apropriação didáctica" (BRANCO, 2004), porque ele me permite idealizar o espaço pedagógico como lugar a partir do qual se elege e se aprende a escolher os instrumentos e saberes necessários à inclusão e participação activa dos indivíduos numa sociedade letrada complexa. No contexto teórico e ideológico que tenho vindo a delinear, o resultado dessa apropriação não são "leituras literárias escolares", mas "leituras escolares de/da literatura".

Neste momento, em Portugal, as práticas escolares de leitura de/da literatura aparecem enquadradas por paradoxos que em nada facilitam o trabalho dos professores, a aprendizagem dos alunos e o reconhecimento social da utilidade e eficácia desse processo: por um lado, os instrumentos reguladores (currículo, programas e manuais) e a avaliação externa do desempenho (exames) afirmam uma concepção apoiada no ideal da "leitura literária escolar"[22] – o que só garante a satisfeita insatisfação[23] permanente do grupo dominante (em que também se incluem os professores mais desatentos e contaminados ou aculturados por esse discurso[24]) relativamente aos resultados obtidos; por outro, dada a impossibilidade de concretização desse projecto (por motivos que espero ter clarificado), vai-se construindo e cristalizando, na Escola, uma identidade dessa "leitura literária" simulada que confirma o seu carácter de subproduto[25] – mas que, não obstante, provoca o contentamento (provavelmente descontente) de muitos professores, alunos e pais, decorrente do "sucesso escolar" verificável.

Estou convencido de que nada disso tem a ver com leitura de/da literatura enquadrada pelo desígnio de, através desse meio, também contribuir para o desenvolvimento das literacias críticas de crianças e jovens escolarizados.

---

[22] Esse ideal pressupõe, também, a escolha, prévia ao processo de aprendizagem, dos textos literários que os alunos deverão ler.

[23] Imito um procedimento retórico camoniano muito canonizado com a intenção de, no polo positivo do paradoxo, chamar a atenção para o facto de o discurso da insatisfação poder ser entendido como instrumento da manutenção do poder profissional ou especializado.

[24] Não nos esqueçamos de que, pelo menos no que concerne ao 3º Ciclo do ensino básico (correspondente às 6ª a 8ª séries do ensino fundamental) e ao ensino secundário (equivalente ao ensino médio), os professores são formados pelas Faculdades ou Departamentos de Letras e afins.

[25] Observe-se como é concebida a leitura de/dos textos literários nos manuais escolares e paraescolares, em Dionísio (2000) e Rodrigues (2000).

Leitura de/da literatura e participação

A maior parte dos saberes produzidos no âmbito das leituras literárias é provisória: apenas alguns factos e certas convenções terminológicas de carácter mais técnico (como as da versificação, por exemplo) podem assumir uma natureza mais duradoura. Mas todos eles são discutíveis e contestáveis. Os estudiosos da literatura não só estão bem cientes dessa realidade como reclamam o direito à transitoriedade das leituras, sendo considerado normal que um leitor especializado venha a rejeitar, num determinado momento do seu percurso, uma leitura por ele realizada anteriormente. Essa é, talvez, uma das *verdades* mais poderosas dos estudos literários: a consciência da efemeridade descomplexada das leituras e dos conhecimentos por ela suscitados. Esse direito, contudo, parece ser privilégio do grupo profissional, já que, quando o problema é pensado do ponto de vista da literatura nas escolas, a tónica não é sincera e livremente colocada nesse polo, como se a dúvida, a interrogação, o questionamento pusessem em causa a possibilidade escolar da leitura de/da literatura. Tal reserva traduz-se em vários aspectos: na defesa do (de um...) cânone, na defesa da (de uma...) história da literatura, na defesa da (de uma...) terminologia especializada, na defesa dos (de certos) instrumentos técnicos adequados a essa modalidade de leitura, etc. – sem a transparência da necessária incompletude e da historicidade de cada um desses domínios ou operadores. Essas concepções do ensino da literatura (porque o não são da aprendizagem, na realidade) jogam o jogo das aparências: eu sei que nada disto é definitivo, mas prefiro fingir que é, porque tu és um ser incompleto, um ser em construção – e eu acho, independentemente de ti, que tu precisas dessa segurança, dessa estabilidade (dito de outro modo, deverás "aprender" que no poema não se exprime o poeta, mas o sujeito poético; que há escritores e obras indubitavelmente melhores do que outros; que o Romantismo é isto; que este narrador é heterodiegético; que este texto é literário e aquele não é; etc.). Dessa forma, são recusadas à pretendida "leitura literária escolar" condições para ser um lugar de exercício da dúvida, parâmetro que a sustenta e a legitima nos centros especializados onde ela é praticada de forma interrogativa e problematizadora. Desse modo, ainda, a chamada "leitura literária escolar" transforma-se em instrumento de estabilização e de domesticação dos alunos – e da literatura.

Retomo, agora, a definição de literacia(s) de Soares:

> [...] conjunto de práticas socialmente construídas que envolvem a leitura e a escrita, geradas por processos sociais mais amplos, e responsáveis por reforçar ou questionar valores, tradições e formas de distribuição de poder presentes nos contextos sociais. (1998, p. 74-75)

Inscrita numa visão ideológica do problema, essa proposta chama a atenção para a relação entre as práticas de leitura e escrita e a construção de representações identitárias. No entanto, tal como Barton e Hamilton afirmam, esse processo só se torna relevante no plano social, ou seja, na forma como através dele o indivíduo é projectado e incluído num ou mais grupos:

> Práticas de literacia são os modos culturais gerais de utilização da escrita de que as pessoas se servem na sua vida. No sentido mais simples, as práticas de literacia são o que as pessoas fazem com a literacia. No entanto, essas práticas não são unidades de comportamento observáveis já que também envolvem valores, atitudes, sentimentos e relações sociais [...]. Isto inclui a consciência que têm da mediação do escrito, dos constructos e discursos de literacia, o que as pessoas dizem sobre a literacia e a interpretam. São processos internos ao indivíduo; ao mesmo tempo, as práticas são os processos sociais que ligam as pessoas umas às outras e que incluem conhecimentos partilhados representados através de ideologias e identidades sociais. As práticas de literacia são moldadas por regras sociais que regulam o uso e a distribuição de textos, prescrevendo quem os pode produzir e quem tem acesso a eles. Elas estão a cavalo entre o mundo individual e o mundo social, sendo o seu

entendimento mais útil quando encaradas mais como relações entre sujeitos, no interior de grupos e comunidades, do que enquanto conjunto de propriedades residindo em indivíduos (1998, p. 7, tradução minha)[26]

A escolarização das literacias terá, portanto, a finalidade de socializar os indivíduos-alunos num conjunto de práticas de leitura e escrita reconhecidas como legítimas – dinâmica a que, globalmente, Gee chamou "enculturation" (2001, p. 527) –, mas só se poderá considerar satisfatória se fornecer a esses mesmos sujeitos os meios necessários a uma compreensão do que tal implica. Como se poderá tal projecto concretizar? Atente-se no comentário de Lankshear à proposta de "modelo de aprendizagem cultural" de Barbara Rogoff (1990):[27]

> Enquanto modelo pedagógico para uma aprendizagem efectiva, a aprendizagem cultural tem implicações importantes na educação em literacia. Ao fazer, tanto quanto possível, assentar a aprendizagem em parâmetros em que se disponibilizam oportunidades genuínas para a aprendizagem de habilidades e procedimentos e em que existem condições para uma participação orientada e uma apropriação participada, *esse modelo minimiza as formas contraproducentes de actividades abs-*

---

[26] Literacy practices are the general cultural ways of utilising written language which people draw upon in their lives. In the simplest sense literacy practices are what people do with literacy. However, practices are not observable units of behaviour since they also involve values, attitudes, feelings and social relationships [...]. This includes people's awareness of literacy, constructions of literacy and discourses of literacy, how people talk about and make sense of literacy. These are processes internal to the individual; at the same time, practices are the social processes, which connect people with one another, and they include shared cognitions represented in ideologies and social identities. Practices are shaped by social rules, which regulate the use and distribution of texts, prescribing who may produce and have access to them. They straddle the distinction between individual and social world, and literacy practices are more usefully understood as existing in the relations between people, within groups and communities, rather than as a set of properties residing in individuals. (1998, p. 7)

[27] Esse modelo assenta em três planos: o da "aprendizagem", o da "participação orientada" e o da "apropriação participativa", termos que podem ser elucidados tanto na sua origem como no artigo de Lankshear.

tractas e descontextualizadas. Ao mesmo tempo, possibilita o aprimoramento de habilidades através da repetição, do treino e de outros processos semelhantes [...] *mas no interior de situações e parâmetros próximos da 'coisa real'*. Por outras palavras, o treino, a habituação, a repetição, proporcionam igualmente experiências de participação concretas e incorporadas, que veiculam uma compreensão cultural situada.

Ao mesmo tempo, o modelo de aprendizagem cultural é sobretudo um modelo de enculturação: os alunos são recrutados para os Discursos 'a partir de dentro'. Se este processo pode ser muito eficaz para a apropriação de dimensões operacionais e culturais da literacia, também pode funcionar contra o 'modelo crítico'. *Esta perspectiva reconfere à aula um papel importante que – quase por definição – não pode ser empreendido in situ e por desígnio: isto é, as tarefas de identificar e julgar os valores, intenções, interesses, perspectivas e demais aspectos semelhantes que estão inscritos em determinados Discursos*[28] *e aqueles que, por esse meio, deles são excluídos* (1999: s/p[29], itálicos meus, tradução minha).[30]

Postas de parte as considerações do autor sobre os possíveis conflitos entre esse "modelo cultural" e o "modelo crítico"

---

[28] Este conceito assume a distinção entre "Discourse" e "discourse", segundo GEE (1996).

[29] V. nota incluída na entrada correspondente das referências bibliográficas.

[30] As a model of pedagogy for effective learning, cultural apprenticeship has important implications for literacy education. By grounding learning as far as possible within settings where genuine opportunities are available for apprenticeship to skills and procedures, and where conditions exist for guided participation and participatory appropriation, *it minimises counterproductive forms of abstract(ed) and decontextualised activity*. At the same time it allows for skill refinement through repetition, drilling and the like [...] but *within situations and settings that approximate to 'the real thing'*. With the drilling, habituation, repetition, in other words, come also concrete and embodied experiences of participation that convey situated cultural understanding.

At the same time, the cultural apprenticeship model is basically one of enculturation: learners are recruited to *Discourses* 'from the inside'. While this may be very effective for mastering operational and cultural dimensions of literacy, it may work against the 'critical'. *This recovers for classroom learning an important role which – almost by definition – cannot be undertaken in situ and in role: i.e., the tasks of identifying and judging the values, purposes, interests, perspectives, and the like that are written into particular Discourses, and those that are thereby written out.* (LANKSHEAR, 1999, s/p. itálicos meus) (assunto de que não me ocupo aqui), interessa sublinhar a tarefa por ele atribuída à aula – e que consiste em *identificar e julgar valores, intenções, perspectivas e dimensões similares inscritos num Discurso particular e aqueles que, consequentemente, dele foram excluídos* (tradução minha).

Nessa perspectiva – e só nessa – será produtiva, do ponto de vista da participação do indivíduo na construção das suas literacias, a entrada na sala de aula dos saberes e das operações oriundos dos estudos literários (e que, afinal, são os dos especialistas nas suas práticas de estudo e investigação): não para serem adquiridos e replicados, mas para serem analisados e interrogados. A regra do novo jogo poderá ser: tudo é questionável e escrutinável. Vejam-se algumas sugestões, brevemente comentadas, de possibilidades de trabalho pedagógico coerentes com essa perspectiva:

Possibilidades de trabalho pedagógico	Comentários[31]
Reflectir sobre os processos através dos quais determinados autores e obras se tornaram canónicos ou deixaram de o ser.	Este exemplo não coloca o foco no estudo das obras *porque são canónicas*, mas no contacto com textos, documentos e falas que ajudem a esclarecer o processo responsável por esse estatuto. O conhecimento da "descanonização" de um determinado autor também é relevante, pelo mesmo motivo. Para esse efeito, poderiam ser negociados dois out três exemplos da história da literatura.

---

[31] Nenhuma destas sugestões deve ser encarada como complementar das finalidades e objectivos que, habitualmente, os programas atribuem à educação literária: pelo contrário, pretendem assumir-se como alternativa em ruptura com aqueles (cf. DES, 1997; COELHO (Coord.) *et al.* 2001, 2002). Também não constituem um projecto de actuação completo, mas um ensaio de clarificação da perspectiva em que me situo.

Contactar com a obra de autores considerados menores ou secundários e com os argumentos que lhe conferem esse estatuto	Esta sugestão aponta para o direito de compreender que o «gosto literário» é um construto, histórica, política e/ou moralmente determinado. Poderá retirar-se alguma vantagem da escolha de autor(es) com algum sucesso junto dos leitores não especializados, independentemente da época em que tenham escrito.
Conhecer os termos em que se desenvolveram polémicas que envolvam a apreciação de obras de autores (canónicos ou não)	Esta ideia é complementar das anteriores, reforçando a ideia de que o "gosto literário" não é consensual.
Ler comparativamente ensaios hermenêuticos discordantes ou diferentes sobre um mesmo texto ou obra	Este exemplo declara o direito do aluno a saber que as leituras literárias podem ser contraditórias ou diferentes entre si. Tal pode ser feito com recurso a textos críticos de épocas diferentes ou coevas e, ainda, com dois ou mais textos do mesmo especialista, escritos em momentos distintos sobre a mesma obra.
Interrogar os procedimentos e os produtos próprios de determinadas correntes da crítica literária	Esta sugestão encara a história da crítica literária como processo aberto e tem por finalidade operacionalizar criticamente instrumentos/técnicas de leitura por ela legados.
Comparar apreciações de obras literárias de leitores especializados com as de leitores não especializados	O desígnio deste exemplo será o de proporcionar o entendimento de que os discursos são determinados pelas circunstâncias (históricas e/ou socioculturais) do seu enunciador.

Esgotar-se-ão, todavia, as possibilidades pedagógicas da leitura de/da literatura num quadro como acabo de esboçar? Não: porque, para além dessas práticas específicas de leitura e escrita, existem muitas outras socialmente reconhecíveis noutros grupos ou comunidades de leitores. Assim, há situações de leitura de literatura em que os sujeitos:

- constroem e adquirem informações e categorias estruturantes (por exemplo quando, ao ler um romance de um autor chinês sobre o qual nada sabe, um leitor que nada sabe sobre esse universo infere representações da China, da sua história, da sua cultura, da sua organização social e política, etc.);
- se alienam e suspendem temporariamente (*esquecem*) o seu mundo;
- confirmam os limites do seu próprio universo;
- buscam instrumentos de análise e de conhecimento do mundo em que vivem;
- encontram respostas e/ou ensinamentos para a condução da sua vida;
- procuram ser incluídos num determinado grupo[32] (neste exemplo, considero tanto os casos de leitura efectiva, como aqueles em que a leitura é simbolicamente representada pela referência aos livros ou pela sua posse);
- satisfazem objectivos de construção autoidentitária (tanto do ponto de vista dos modelos de comportamentos como dos valores, por identificação ou por contraste);
- alcançam formas de prazer intraduzíveis ou difíceis de traduzir por meios linguísticos;
- enriquecem uma "coleção" reutilizável, noutros contextos, de histórias, excertos, ditos, aforismos, versos, etc.;
- descobrem modelos de "escrita literária";
- apuram os seus critérios de escolha de leituras;
- etc.

---

[32] No estudo de Ribeiro, são analisados vários exemplos explícitos desta finalidade da leitura, nas falas dos sujeitos entrevistados (2005, p. 29-32).

Uma lista deste tipo não pode deixar de ser incompleta. Note-se, para além disso, que ela não é determinada por propriedades intrínsecas ao objecto,[33] que algumas dessas formas de ler são simultaneamente compatíveis entre si e que todas elas podem descrever práticas do mesmo leitor em circunstâncias diferentes. Sendo aberta, ela serve, essencialmente, para recordar que a leitura de/da literatura não está socialmente confinada aos modelos profissionais, coisa com que a escola deveria contar de forma mais confiante e sistemática. Quero com isto dizer que os projectos escolares de leitura de/da literatura não podem ignorar as práticas e os usos dos alunos (e de outros sujeitos): não vejo como se possa ensinar a ler literatura sem conhecer os leitores-alvo desse processo. Eles possuem convicções e hábitos necessários à compreensão e desenvolvimento escolares do próprio processo[34] – e creio que um leitor subaproveitado ou depreciado pela escola é um leitor potencialmente perdido. O que a escola pode fazer é, precisamente, contrariar tendências para a cristalização dos sujeitos em determinados procedimentos de leitura, de forma a habilitar os indivíduos para uma grande diversidade de modos de ler. Legitimar uma grande variedade de práticas de leitura de/da literatura não significa, contudo, confirmar o que o leitor já sabe ou aquilo em que ele se sente mais confortável. Pelo contrário, trata-se de o colocar em situação de experimentação múltipla e explícita, em processos auto e hetero-reflexivos, balizados por perguntas deste tipo:

a) o que estou eu a fazer quando leio deste modo?
b) que grupos ou comunidades de leitores leem desta forma e que outros leem daquela?
c) para que serve e para que não serve ler desta maneira?

---

[33] Admito que muitas destas funções se exerçam, igualmente, através da leitura de textos considerados não literários ou de "textos" de outras artes.

[34] Vejam-se os casos apresentados e analisados por Corrêa (2003).

d) por que motivo esta forma de ler me é mais confortável do que aquela?
e) que outras formas de ler existem – e com que vantagens e desvantagens?
f) a que situações e finalidades se adequam mais determinadas práticas de leitura?
g) que modos de ler são mais legitimados e menos legitimados, por quem e porquê?
h) que elementos, situações e condições limitam a minha autoridade de leitor?
i) como se exerce a autoridade do autor sobre as minhas formas de ler e em que circunstâncias ela é produtiva ou improdutiva, repressora/manipuladora ou libertadora?
j) que critérios e parâmetros tenho à minha disposição para eleger as minhas séries de textualidade preferidas[35]?
k) etc.

Sei que este entendimento da leitura de/da literatura coloca em risco um conjunto de tradições – nomeadamente aquelas que se enraízam numa visão da Escola enquanto lugar de transmissão de conteúdos/saberes – e, de certa forma, desvincula a aprendizagem da leitura da exclusividade da sala de aula – outros lugares terão de existir (e não só a biblioteca escolar), onde se tenha a oportunidade de praticar experiências de leitura reflexivas. Não obstante, não creio que ele inviabilize aquele desígnio social do espaço escolar, já que, por meio de um ensino e de uma aprendizagem processuais, virão inevitavelmente ao encontro dos indivíduos saberes sobre os autores, os textos, os contextos, as tecnologias da leitura, os sistemas ideológicos, etc., que eles poderão adquirir significativamente. Reinvoco o comentário de Lankshear:

---

[35] Evito o termo "cânone", preferindo o de "textualidade", tal como é apresentado por SCHOLES (1992).

Ao fazer, tanto quanto possível, assentar a aprendizagem em parâmetros em que se disponibilizam oportunidades genuínas para a aprendizagem de habilidades e procedimentos e em que existem condições para uma participação orientada e uma apropriação participada, *esse modelo minimiza as formas contraproducentes de actividades abstractas e descontextualizadas.* (1999: s/p, itálicos meus)[36]

A planificação de acividades de aprendizagem da leitura de/da literatura não descontextualizadas e abstracas conta inelutavelmente com os vários sujeitos nela implicados (o que não deve ser confundido com *ensino-aprendizagem centrado no aluno*[37]) e transforma a aula e a Escola em espaço de negociação e investigação.

Poder-me-á ser apontado que o que ficou dito não orienta, autonomamente, a leitura escolar de/da literatura, porque muitos dos aspectos da matriz desenhada valem para a leitura de outros textos. A instituição escolar de uma concepção da literatura, que ilumine as singularidades desse objeco, consistirá sempre na adopção de reduções do modelo das "leituras literárias", tal como as descrevi acima. Essa preocupação não está presente em muitas das práticas sociais de leitura de/da literatura – nem precisa de estar, na medida em que ela própria contextualiza uma determinada forma de ler (leio *para* reconhecer a literatura e a distinguir de outros Discursos[38]).

---

[36] By grounding learning as far as possible within settings where genuine opportunities are available for apprenticeship to skills and procedures, and where conditions exist for guided participation and participatory appropriation, *it minimises counterproductive forms of abstract(ed) and decontextualised activity.* (1999, s/p, itálicos meus)

[37] Esta expressão, muito difundida em Portugal nos meios ligados à educação, por reacção a uma concepção da escola totalmente dominada pela centralidade do professor, teve origem numa (certa) leitura da pedagogia construtivista (ver Fosnot, 2002). Creio, contudo, que ela não dá conta da aula como espaço de negociação entre agentes com estatutos diferenciados (professor/alunos) nem da aprendizagem enquanto processo decorrente desse encontro – e, consequentemente, ilude a complexidade da relação entre ensino e aprendizagem.

[38] Gee (1996).

E nenhuma das minhas reflexões ou propostas impede que, ao longo do percurso de escolarização da(s) leitura(s), o aluno vá adquirindo instrumentos e critérios que lhe sejam úteis sempre que pretender ler com essa finalidade. Por isso, não negando a transitividade da leitura, parece-me que o seu carácer específico não deve ser tomado como definitivo nem fechado nem prévio ao próprio aco (de "ler literatura", "ler notícias", "ler instruções de matrícula" etc.), até porque essas especificidades também podem ser negociadas e mutuamente transferidas, adaptando-se às finalidades e aos contextos de práticas concretas.

Em conclusão, o leitor de/da literatura será aquele que tem a oportunidade de vir a saber que ler textos literários é aprender a negociar a leitura e a adequá-la a contextos e finalidades, tomando, dessa forma, verdadeira posse do vasto património (de textos e de práticas de leitura) que lhe pertence – para caminhar de mãos dadas com o "leitor cosmopolita" de Maria de Lourdes Dionísio.[39]

Referências

SILVA, Vítor Aguiar e. *Teoria da literatura*. 3. ed. Coimbra: Almedina, 1983.

BARTON, David. *Literacy: an Introduction to the Ecology of Written Language*. Cambridge: Blackwell Publishers, 1996.

BARTON, David; HAMILTON, Mary. *Local Literacies: Reading and Writing in One Community*. London: Routledge, 1998.

BATISTA, Antônio Augusto G.. *Aula de português. Discurso e saberes escolares*. São Paulo: Martins Fontes, 2001.

BOURDIEU, Pierre. *A economia das trocas simbólicas*. Tradução brasileira de AA.VV. S. Paulo: Perspectiva, 2001.

---

[39] Refiro-me à categoria apresentada pela autora num texto desta mesma publicação.

BOURDIEU, Pierre. *Coisas Ditas*. Trad. de Cássia R. da Silveira e Denise Moreno Pegorim. São Paulo: Editora Brasiliense, 2004.

BRANCO, António. Leitura Escolar e Leitura Especializada: Dissonâncias. In: AA.VV. *Ensino do Português para o Século XXI*. Faculdade de Letras de Lisboa [no prelo], 2004.

BRANCO, António. A "leitura literária" e a *outra* nas vozes do currículo e dos programas. In: *Leitura: Teoria & Prática*. Campinas, 2005. [artigo submetido a apreciação editorial, no prelo].

BRITTO, Luiz Percival Leme. *Contra o consenso. Cultura escrita, educação e participação*. Campinas: Mercado das Letras, 2003.

CASTRO, Rui Vieira de. *Para a análise do discurso pedagógico. Constituição e transmissão da gramática escolar*. Braga: Universidade do Minho/Instituto de Educação e Psicologia/Centro de Estudos em Educação e Psicologia, 1995.

CASTRO, Rui Vieira de. A "questão" de *Os Lusíadas*. Acerca das Condições de existência da literatura no ensino secundário. In: *Diacrítica* (16). Universidade do Minho, 2003.

CHEVALLARD, Yves. *La Transposition didactique du savoir savant au savoir enseigné*. Grenoble: La Pensée Sauvage, 1984.

COELHO, Maria da Conceição (Coord.) *et al.. Programa de Literatura Portuguesa. 10º e 11º. Curso Geral de Línguas e Literaturas*. Lisboa: Ministério da Educação, 2001. (versão digital em http://www.des.min-edu.pt/programs/prog_hom/literat_portuguesa_homol_nv.pdf).

COELHO, Maria da Conceição (Coord.) *et al.. Programa de Língua Portuguesa. 10º, 11º e 12º anos. Cursos Gerais e Cursos Tecnológicos. Formação Geral*. Lisboa: Ministério da Educação (versão digital em http://www.des.min-edu.pt/programs/prog_hom/portugues_10_11_12_cg_ct_homol_nova_ver.pdf), 2002.

COMPAGNON, Antoine. *Le Démon de la théorie. Littérature et sens commun*. Paris: Seuil, 1998.

CORRÊA, Hércules Tolêdo. Adolescentes leitores: Eles ainda existem. In: PAIVA, Aparecida *et al* (Orgs.). *Literatura e letramento. Espaços, suportes e interfaces. O jogo do livro*. Belo Horizonte: Autêntica, 2003.

CULLER, Jonathan. *On Deconstruction. Theory and Criticism After Structuralism*. Londres: Routledge & Kegan Paul, 1983.

DEPARTAMENTO DO ENSINO SECUNDÁRIO (DES). *Português A e B. Programas. 10º, 11º e 12º Anos*. Lisboa: Ministério da Educação, 1997.

DIONÍSIO, Mª de Lourdes. *A construção escolar de comunidades de leitores. Leituras do manual de português.* Coimbra: Almedina, 2000.

FOSNOT, Catherine T. *Construtivismo: teoria, perspectivas e prática pedagógica.* Lisboa: Dinalivro, 2003.

GARCÍA BERRIO, Antonio. *La Formación de la Teoría Literaria Moderna – I.* Madrid: Cupsa, 1978.

GARCÍA BERRIO, Antonio. *La Formación de la Teoría Literaria Moderna – II.* Murcia: Universidad de Murcia, 1980.

GEE, James Paul. *Social Linguistics and Literacies: Ideology in Discourses.* London: Taylor & Francis, 1996.

GEE, James Paul. Literacy, Discourse, and Linguistics: Introduction and What is Literacy. In: CUSHMAN, Ellen *et al.* (Eds.). *Literacy: A Critical Sourcebook.* Boston: Bedford/St. Martins, 2001.

LANKSHEAR, Colin. Literacy Studies in Education: Disciplined Developments in a Post-Disciplinary Age. In: PETERS, Michael (Ed.). *After the Disciplines: The Emergence of Cultural Studies (Critical Studies in Education and Culture Series).* Westport: Greenwood Press, 1999.[40]

MANGUEL, Alberto. *Uma história da leitura.* Tradução de Pedro Maia Soares, São Paulo: Companhia das Letras, 1997.

MELLO, Cristina. *O ensino da literatura e a problemática dos géneros literários.* Coimbra: Almedina, 1999.

PINTO, Maria da Graça Castro. Da literacia ou de uma narrativa sempre *imperfeita* de outra identidade pessoal. In: *Revista Portuguesa de Educação* (15-2). Universidade do Minho, 2002.

POZUELO YVANCOS, José María. *Teoría del lenguaje literario.* Madrid: Cátedra, 1989.

RIBEIRO, Vera Masagão. Uma perspectiva para o estudo do letramento: lições de um projeto em curso. In: KLEIMAN, Angela B.; MATENCIO, Maria de Lourdes Meirelles (Orgs.). *Letramento e formação de professores. Práticas discursivas, representações e construção do saber.* São Paulo: Mercado das Letras, 2005.

---

[40] Por motivos relacionados com as circunstâncias em que este texto foi redigido, só tive acesso à versão do artigo publicada na página de *internet* do autor (http://www.geocities.com/c.lankshear/).

RIBEIRO, Vera Masagão (Org.). *Letramento no Brasil. Reflexões a partir do INAF 2001*. São Paulo: Instituto Paulo Montenegro/Global Editora, 2003.

RODRIGUES, Angelina. *O ensino da literatura no ensino secundário. Uma análise de manuais para-escolares*. Lisboa: Instituto de Inovação Educacional, 2000.

ROGOFF, Barbara. *Apprenticeship In Thinking: Cognitive Development In A Social Context*. Cambridge: Cambridge University Press, 1990.

SCHOLES, Robert. Canonicity and Textuality. In: SCHOLES, Robert (ed.). *Introduction to Scholarship in Modern Languages and Literatures*. N.Y.: M.L.A, 1992.

SOARES, Magda. *Letramento: um tema em três gêneros*. Belo Horizonte: Autêntica, 1998.

Capítulo 5

DISCURSOS DA PAIXÃO: A LEITURA LITERÁRIA NO PROCESSO DE FORMAÇÃO DO PROFESSOR DAS SÉRIES INICIAIS

Aparecida Paiva
Francisca Maciel

Este texto tem como principal objetivo discutir a leitura literária, a partir da perspectiva da mediação do professor. A primeira parte do texto trata, portanto, da relação entre leitura, literatura e o trabalho do professor das séries iniciais de crianças, sob um ponto de vista com o qual trabalhamos, há alguns anos: o do letramento e, mais recentemente, o do letramento literário. A segunda parte traz uma experiência das autoras com alunos de graduação em um dos diálogos possíveis da leitura literária no processo de formação do professor das séries iniciais.

Por isso mesmo, devemos esclarecer que, como pesquisadores e professores de graduação de futuros professores e coordenadores pedagógicos, no que diz respeito à literatura, enfrentamos um dilema, assumido por todos nós estudiosos da área, quando aceitamos, não sem questionamentos, a denominação literatura infantil. Por outro lado, como educadoras comprometidas com a formação de professores, na área de Alfabetização e Linguagem, precisamos dizer que vemos, no trabalho com a literatura, mais especificamente, com a literatura infantil, possibilidades interessantes de efetivo envolvimento da criança com o universo da escrita e, portanto, com a literatura.

Assim, apesar de assumir como inevitável a denominação literatura infantil, pretendemos argumentar, sempre que possível e, especialmente, no diálogo com o professor como mediador de leitura de seus alunos, com questões mais gerais, ou seja: de que forma combinar experiência estética com o ambiente escolar? Em outras palavras, de que forma superar o limite de uma escolarização da arte, neste caso, a literária, e realizar o ideal de uma sociedade igualitariamente leitora no sentido mais amplo que esta palavra comporta e com o qual estamos todos comprometidos? O conflito que travamos quotidianamente no interior do sistema educacional brasileiro tem sua dimensão metodológica concreta dentro de nossas salas de aula, seja de que grau for e, principalmente, em nossas investigações enquanto pesquisadores. Distinções entre perspectivas de leitura estabelecem para nós uma arena onde se digladiam valores relacionados a mundos que, muitas vezes, nos parecem inconciliáveis. A vantagem de uma postura que incorpore as dimensões em disputa levaria de um lado, ao reconhecimento dos matizes no movimento dos estudos sobre a leitura e, de outro, à montagem de um quadro de referência teórica capaz de informar decisões coletivas. Esses desafios nos levam a desejar compartilhar, inicialmente, uma questão e uma proposição. A questão diz respeito ao diálogo possível entre a concepção de leitor construída por nós, em seus dois polos privilegiados, quando está em jogo a instituição escolar: o leitor-professor e o leitor-aluno. Este me parece o contraponto mais explícito da tensão entre leitura literária e escola. A proposição, de natureza metodológica, consiste em problematizar o que estamos chamando de produção cultural para criança, escolarização da literatura e as relações possíveis entre a literatura e o leitor criança ou o leitor em formação.

No que diz respeito à produção cultural para a criança, a análise de linguagens artísticas, incluída aí a literatura infantil, impõe algumas particularidades relativas a "juízos de valor" e a diferentes "sensibilidades", que colocam em questão uma noção ortodoxa de "ciência" e de seus tradicionais instrumentos de análise. Esse fato destaca a importância de uma fundamentação teórica abrangente e de uma abordagem flexibilizada, que não se anuncie como a "verdade" sobre o fenômeno analisado, mas, sim, como uma interpretação, que parte de um determinado ponto de vista. Como acontece com as várias manifestações culturais, a literatura infantil também tem uma trajetória histórica diretamente ligada às suas características específicas. Portanto, ao analisarmos os fatores que contribuíram para o seu surgimento e as diferentes formas em que ela se apresentou, na Europa e no Brasil, é imprescindível considerarmos a sua linguagem.

Aplicado às artes em geral, o termo linguagem pode ser definido como o conjunto de recursos técnicos e expressivos à disposição de um artista e por ele aperfeiçoados; um repertório sempre renovável de signos e componentes sensoriais, empregado na realização de registros intencionais que, não obstante, trazem elementos aleatórios à intencionalidade daquele que utiliza a linguagem para transmitir ideias e sensações. A utilização de qualquer linguagem artística tem como resultado a realização de manifestações materiais (quadros, apresentações sinfônicas, espetáculos de dança, filmes, desenhos, textos etc.), pois nenhuma forma artística existe fora do mundo material. Daí a dialética fundamental que origina o que se costuma chamar de arte: materialidade que se projeta para algo além, a partir de sua própria existência e sem abandoná-la; existência que se realiza como transcendência.

Não conhecemos arte fora do mundo material; porém, sem dúvida, existe materialidade estranha à arte, mesmo em se tratando de objetos ou ações realizados através de linguagens artísticas. Afinal, nem toda pintura é arte, como nem toda música tem qualidade artística, e boa parte das histórias denominadas literatura infantil são meros produtos voltados para o consumo imediato, especialmente, o consumo escolar.

Há muito, todos nós temos conhecimento de que a literatura infantil não existiu desde sempre e que só se tornou possível a partir do nascimento da infância como instituição, no início da Idade Moderna, e ainda que, como construção histórica, implica perceber que cada época encara a criança sob uma ótica distinta. É sabido, também, que surgiu na Europa, com a transformação dos contos populares para uma visão educativa burguesa. Sendo assim, do acervo da tradição oral, que inicialmente nem se dirigia às crianças, foram aproveitados os contos de fadas que passaram a veicular modelos de comportamento desejados pela classe burguesa, que tomava da nobreza o poder. Nos limites deste texto, podemos dizer que código e mensagem se vinculam para uma determinada formação.

Quanto à escolarização da literatura, assumimos com Soares (2003) a posição de que não há como ter escola sem ter escolarização de conhecimentos, saberes, artes e, mais, que o surgimento da escola está indissociavelmente ligado à constituição de "saberes escolares" é fundamental que nós, professores, desde o início da escolarização, incorporemos, em nossa prática de formação de leitores, duas perspectivas de análise quando abordamos as relações entre o processo de escolarização e a literatura infantil.

Numa primeira perspectiva, podemos interpretar as relações entre escolarização, de um lado, e literatura infantil, de outro, como sendo a apropriação, pela escola, da literatura infantil: neste caso, faz-se uma análise do processo pelo qual a escola toma para si a literatura infantil e escolariza, didatiza e pedagogiza os livros de literatura para crianças, para atender a seus próprios fins, ou seja, "faz dela uma literatura escolarizada".

Uma segunda perspectiva sob a qual podem ser consideradas as relações entre escolarização, de um lado, e literatura infantil, de outro, é interpretar essas relações a partir do ponto de vista de que existe a produção, para a escola, de uma literatura destinada a crianças: aqui, analisa-se o processo pelo qual uma literatura é produzida para a escola, para os objetivos da escola, para ser consumida na escola, pela clientela escolar; busca-se literatizar a escolarização infantil.

Essas duas perspectivas reforçam a questão polêmica (e não resolvida) em torno do conceito de literatura infantil, anunciada na primeira parte deste texto. Por outro lado, e mais importante que isso, nos obrigam a refletir sobre a seguinte questão: quer se pense em uma literatura infantil escolarizada, quer se pense em uma literatização da escolarização infantil, ou seja, quer se considere a literatura infantil como produzida independentemente da escola, que dela se apropria, quer se considere a literatura infantil como literatura produzida para a escola, as escolhas que fizermos dos livros ditos de literatura infantil a serem apresentados às nossas crianças é que vão determinar a contribuição desse tipo de texto para o processo de alfabetização e iniciação de um processo de leitura literária, com chances de durar para além do processo de escolarização.

Caberia, em função deste primeiro questionamento, nos perguntarmos: se a literatura infantil se apresenta polêmica e se o processo de leitura desse tipo de texto requer especificidades, por que é necessário trabalhar com a leitura literária nas séries iniciais? Uma resposta possível é a de que, desde o início da escolarização, a criança tem contato com o texto literário por meio, especialmente, de materiais didáticos, e nem sempre esse contato ocorre através de uma adequada mediação. Um dos principais motivos é que as atividades propostas não possibilitam uma aproximação literária dos alunos com os textos. Outro motivo é a fragmentação dos textos literários, que são apresentados aos alunos como pseudotextos, às vezes começando pela metade, outras vezes com seu final alterado ou ignorado, ainda outras vezes com recortes feitos no corpo do texto apenas para adequá-lo ao espaço do livro didático, aproximando o começo do fim. Além disso, muitas vezes, quando é transferido para o livro didático, o texto literário acaba se desconfigurando, pois perde a programação visual e as ilustrações do livro originalmente concebido e publicado.

Daí a importância de buscarmos, desde as séries iniciais, uma relação literária com os textos, que transcenda suas limitações e inadequadas escolarizações. Ler literariamente esses textos, desde o início do processo de escolarização. Lê-los literariamente significa resgatar aquela configuração que foi perdida na didatização da literatura, recuperando propostas adequadas de textos produzidos para o público infantil que não se limitem à condição de mais um apêndice para a aquisição da leitura e da escrita

No que diz respeito à problematização: literatura e leitor-criança, situadas, ainda que panoramicamente, a produção cultural para criança, em especial, e a produção literária para o público infantil e a sua consequente escolarização, fica evidente a necessidade da presença do professor-leitor enquanto mediador do processo de iniciação do leitor-criança. Quanto mais evidente ficar para o professor a importância da leitura literária como poderosa fonte de formação de sensibilidades e de ampliação de nossa visão de mundo, que tem nessa linguagem artística um componente essencial de formação, culturalmente valorizado (embora pouco demandado e pouco ofertada socialmente), mais significativas se tornarão as práticas de letramento literário propostas. Isso tudo se, primeiro, o professor se conhecer enquanto sujeito-leitor e souber dimensionar suas práticas de leitura, especialmente a literária. Sendo assim, o seu repertório de leituras, sua capacidade de análise crítica dos textos e suas escolhas adequadas à idade e aos interesses de seus alunos já representarão um sólido e definitivo ponto de partida.

Não se pode trabalhar com leituras que não foram previamente feitas. E, também, não se pode cobrar prazer, envolvimento, com leituras que não nos provocaram e com as quais não estabelecemos nenhuma relação significativa. Se isso é verdade para nós, leitores-adultos, o que dizer para o leitor-criança, pois é na fase inicial do processo de alfabetização, é através dos sentidos, das sensações apreendidas, que a criança compreenderá o mundo ao seu redor, e os livros de literatura, em especial de imagens, vão possibilitar-lhe recontar histórias e reinventá-las. A criança, frente ao objeto livro, se de boa qualidade, é estimulada a criar roteiros, cenários, personagens, cenas e espaços e prepara-se, como numa brincadeira, para a construção de significados e para a compreensão do real.

As histórias infantis podem desempenhar uma primeira forma de comunicação sistemática das relações da realidade, que se apresentam à criança numa objetividade corrente. A linguagem que constrói a literatura infantil apresenta-se como mediadora entre a criança e o mundo, propiciando um alargamento no seu domínio linguístico e preenchendo o espaço do fictício, da fantasia, da aquisição do saber. Vista assim, a produção literária para criança – o livro de imagens inclusive – não tem fronteiras. Ela desvela o maravilhoso, o ilimitado, o maleável, o criativo universo infantil, explora a poesia, suscita o imaginário.

Por essas razões, em seu repertório de leituras, que será compartilhado com seus alunos, o professor precisa romper fronteiras. Precisa, por exemplo, ampliar seu conceito de poesia, abarcando a diversidade dos gêneros poéticos, não se limitando apenas às configurações tradicionais. O trabalho com letras de música e com os gêneros poéticos da tradição oral (adivinhas, parlendas, quadrinhas, trava-línguas etc.) abre caminho para outras produções culturais que também têm sido abordadas no processo de escolarização. Isso não quer dizer que vamos excluir a poesia considerada erudita ou a de autores canonizados, pois, na verdade, há uma circulação entre diferentes esferas da cultura.

Vejamos a seguinte situação: se o professor, em sala de aula, no início do processo de alfabetização, promove a leitura de um poema em voz alta, a oralização do poema precisa ser feita por ele mesmo; caso contrário, os alunos, com as dificuldades inerentes ao início da aquisição da leitura, farão uma atividade infrutífera, esbarrando em dificuldades linguísticas que comprometerão a noção de unidade do poema, seja rítmica, seja de ordem estrutural e, sobretudo, de sentido. Assim, a atividade se esgota nela mesma, e as características artístico-literárias do enunciado poético são banalizadas ou totalmente ignoradas. Portanto, nessa fase, a voz do professor é fundamental. Dessa forma, propor um tratamento didático do texto literário, que possa surtir melhores resultados no processo de ensino-aprendizagem, abarcando sua tamanha diversidade, constitui, a nosso ver, um grande desafio. E esse desafio só pode ser enfrentado se o professor estiver, constantemente, ampliando seu repertório de leituras e, ao mesmo tempo, refletindo sobre as práticas culturais de leitura e de escrita do texto literário.

Promover o encontro das crianças com o texto literário, desde o início do processo de alfabetização, constitui, como já foi dito antes, um desafio, tanto para quem propõe como para quem se dispõe à leitura. O professor é, sem dúvida, um sofrido protagonista nesse processo. Que ferramentas utilizar para aproximar as crianças da leitura literária sem tornar a Literatura intangível, ou sacralizada, em suma, sem tornar inexeqível a tarefa didática?

Muitos esforços estão sendo feitos no sentido de promover uma adequada escolarização da literatura infantil em nossas escolas. As políticas públicas de distribuição de livros, tanto para escolas (PNBE – Plano Nacional de Biblioteca Escolar) quanto para os alunos ("Literatura em minha casa"[1]), têm submetido a produção para crianças à rigorosa avaliação, no intuito de selecionar os melhores textos do imenso universo da produção para a criança, que tem demonstrado muito mais quantidade do que qualidade. Por outro lado, estão sendo produzidos estudos, elaboradas resenhas críticas e

---

[1] "Literatura em minha casa", programa suspenso, que, em 2001, 2002 e 2003, distribuiu coleções de livros para estudantes da quarta e oitava séries do Ensino Fundamental, dentro do Programa Nacional Biblioteca na Escola (PNBE) do Fundo Nacional de Desenvolvimento em Educação (FNDE/MEC).

implementados diferentes programas de incentivo à leitura cujo destinatário é o professor e o seu fazer em sala de aula. Embora a produção crítica ainda seja pequena, já é possível que o professor tenha acesso a orientações e discussões sobre a qualidade da literatura infantil produzida no Brasil e, mais importante, à indicação por instituições como a Fundação Nacional do Livro Infantil e Juvenil (FNLIJ), por exemplo, de textos altamente recomendados, seja por gêneros, seja por segmento de público.

Tornar o hábito da leitura uma prática prazerosa no dia a dia da criança é uma tarefa que desafia o educador. Para superá-la, sua capacidade de analisar criticamente os textos disponíveis no início do processo de escolarização tem de possibilitar uma leitura que favoreça uma construção de sentidos abrangendo diversas linguagens – a corporal, a plástica, a imagética, a musical. Todos nós sabemos que, no início, a criança constrói com o objeto livro uma relação semelhante à que tem com o brinquedo, e nossa sensibilidade crítica precisa preservar essa relação lúdica.

Na verdade, nosso repertório de leituras e nossa capacidade de análise crítica, aliados ao conhecimento que temos de nossos alunos e de suas preferências, de seus interesses, de seus gostos, embasarão nossas escolhas de leituras literárias a serem trabalhadas em sala de aula. E essas escolhas, compartilhadas entre leitor-professor e leitor-criança, determinarão, e muito, nossas práticas de letramento literário. Se formos bem-sucedidos, no início do processo de escolarização, se levarmos em conta que nossas crianças encontram-se mergulhadas no mundo da escrita muito para além dos muros da escola, essas práticas transcenderão a dimensão escolar e didatizante que, na maioria das vezes, emprestamos a elas e se enraizarão no universo infantil. Pois, como afirma Soares,

> letramento é também um contínuo, mas um contínuo não linear, multidimensional, ilimitado, englobando múltiplas práticas com múltiplas funções, com múltiplos objetivos, condicionados por e dependentes de múltiplas situações e múltiplos contextos,

em que, conseqüentemente, são múltiplas e muito variadas as habilidades, conhecimentos, atitudes de leitura e de escrita demandadas, não havendo gradação nem progressão que permita fixar um critério objetivo para que se determine que ponto, no contínuo, separa letrados de iletrados. (SOARES, 2003, p. 95)

Certamente o que mais nos angustia no trabalho com a literatura, independentemente do nível de escolarização dos nossos alunos, é o fato de vivermos um paradoxo: por um lado, precisamos dar acesso, escolarizar o texto literário, democratizá-lo no espaço escolar, às vezes único possível na vida de muitas de nossas crianças, e, por outro, precisamos preservar suas especificidades de linguagem artística. Daí a dificuldade que temos em transferir experiências sem correr o risco de apresentar receitas e eleger apenas textos "canônicos". Ainda assim, acreditamos que é possível, desde o início da formação escolar, fazer um trabalho que respeite a relação artística que o texto literário pede ao leitor. Nunca houve sociedade sem literatura. E também nunca houve sociedade sem experiência artística. O texto literário é uma produção de arte, e, por isso, sua leitura vai tornar o leitor também um criador. A própria democratização da leitura tem de ser vista enquanto possibilidade de acesso a uma linguagem artística que é a literária. Criar, quando se lê literariamente um texto, significa se apropriar de uma linguagem artística em sua riqueza, em sua beleza, em suas possibilidades de ampliação de horizontes e de percepções diferenciadas de mundo.

Para começar uma conversa: uma experiência

Na segunda parte deste texto, vamos compartilhar com os leitores uma experiência vivenciada por nós sobre a formação do professor-leitor com alunos de graduação, na Faculdade de Educação da UFMG.

A crescente produção bibliográfica em torno da temática sobre a formação do professor-leitor tem sido objeto de pesquisas de diferentes áreas do conhecimento, entre elas a da

Educação, Letras, Sociologia e História, sob diferentes perspectivas de análise, o que vem enriquecendo sobremaneira a literatura sobre o tema. O envolvimento de diversas áreas vem demonstrar que, se, por um lado, o tema é instigante enquanto objeto a ser investigado, por outro, constatamos a recorrência do problema das investigações em torno da triangulação: formação-professor-leitor. Constata-se que, de uma pesquisa para outra, se alterna o enfoque dado, isto é, a ênfase da pesquisa ora recai sobre a formação como necessária para o professor se tornar um leitor, ora a experiência e a vivência com a literatura são fatores determinantes para formar o professor-leitor. Não é nosso objetivo aqui elencar as pesquisas e nem mesmo mensurá-las, e sim, dizer da importância delas na constituição do campo teórico mais consistente com as contribuições de diferentes áreas do conhecimento e, consequentemente, os reflexos nas práticas pedagógicas.

Segundo dados da Câmara Brasileira do livro, no ano de 2002, foram vendidos 85,8 milhões de exemplares de livros de literatura infantojuvenil. Sabemos, também, que, desse montante, o governo é o maior comprador, o que demonstra que ele tem incentivado os programas de leitura nas escolas. As escolas têm recebido livros de literatura infantojuvenil através da iniciativa do governo, mas isso não significa que o uso do livro dentro do espaço escolar ocorra de modo a garantir que os alunos estejam, de fato, sendo incentivados à leitura.

Vários fatores poderiam ser elencados para discutirmos a relação entre escola e literatura, mas optamos por trazer, neste texto, uma reflexão sobre um trabalho que estamos realizando na Faculdade de Educação, junto aos alunos de graduação, especialmente os de Pedagogia, em uma disciplina que ministramos, cujo nome é *Discursos da paixão: leituras literárias*, com carga horária de 60 horas. Essa disciplina foi ministrada, até o momento, em dois semestres, e a proposta de sua criação, bem como o seu formato, deu-se em função das reflexões que permeiam as discussões do Grupo de Pesquisas do Letramento Literário (GPELL) e, de um modo geral, dos professores-pesquisadores do Ceale, responsáveis pela formação complementar em Alfabetização, Leitura e Escrita dos alunos de graduação de Pedagogia.

Nesse sentido, compartilhamos com todos que defendem que a formação do professor-leitor passa pelos conhecimentos teóricos, e sobretudo pela vivência como "leitor/ledor" dos livros que pretende trabalhar junto aos seus alunos. O curso inicia-se com uma proposta de reflexão sobre as lembranças dos alunos sobre os livros lidos até o presente momento. Essa reflexão não deixa de ser, também, uma estratégia pedagógica para a reconstrução e formação do sujeito-leitor, mais especificamente, os alunos do curso de Pedagogia da Faculdade de Educação da UFMG, como já dissemos acima. Esses alunos, futuros coordenadores e/ou professores das séries iniciais, portanto, serão corresponsáveis pela iniciação e inserção de muitas crianças no mundo da leitura. Desse modo, a formação dos discentes no curso de graduação em Pedagogia levou-nos a oferecer a eles uma disciplina em que a formação do professor-leitor tivesse como mote as experiências de pessoas convidadas. Para levar adiante a disciplina intitulada *Discursos da paixão: leituras literárias*, procuramos transformar o espaço da sala de aula em um espaço de vivências de práticas de leituras literárias por parte dos alunos e dos convidados.

Os critérios para indicação das pessoas convidadas não eram rígidos; ao contrário, a proposta da disciplina era, de certo modo, oferecer aos alunos a oportunidade de vivenciar e ler textos pela via de diferentes contextos de formação de leitor, implícitos nos discursos dos convidados, nas suas escolhas e nos seus modos de ler a literatura. Pode-se dizer que o único critério era que o convidado se dispusesse a expor para os alunos a paixão por determinado(s) autor(es), obra(s) ou mesmo gênero(s) da literatura que fizesse(m) parte de suas preferências pessoais. Escolher os convidados, inicialmente, não foi uma tarefa difícil; pelo contrário, as conversas com os colegas-professores da Faculdade de Educação sobre a disciplina *Discursos da paixão* despertaram o interesse e vários professores se dispuseram a colaborar tornando-se também convidados. A partir desses contatos, procuramos definir alguns critérios como o de abranger diferentes autores/ obras e a diversidade de gêneros.

A ampla adesão ao convite desmitificou a concepção de que os professores-leitores da literatura eram apenas os professores de Português. O mito em torno de que somente estes últimos é que "leem muito" foi desmontado com a presença de outros professores, com diferente formação, que trouxeram para os seminários suas histórias e suas paixões literárias. A explicitação dessa concepção ficou evidente nas discussões nos seminários, na surpresa dos alunos com os depoimentos de diferentes áreas e níveis de formação que abrangeram a presença de professora primária, de professor de Sociologia da Educação, de professora de Didática, de professor de Microbiologia, entre outros leitores. Outro aspecto importante a ser destacado diz respeito à trajetória de formação de leitor do professor de Português. A representação que a maioria dos alunos tem é a de que a formação inicial é algo nato, ou que todos tiveram livre acesso aos livros de literatura na infância, ou, ainda, que todos apresentavam condições socioeconômicas favoráveis ao contato com a cultura livresca. Entretanto, os depoimentos dos professores de Português não comprovaram tais hipóteses dos alunos, mostrando o quanto as trajetórias percorrem caminhos diferenciados para se atingir esse estado de paixão e o quanto não se vinculam estreitamente às condições socioeconômicas dos leitores. Os professores convidados trouxeram diferentes histórias de formação de leitura, tão comuns e, ao mesmo tempo, tão singulares, quando rememoradas nos seminários.

Nas lembranças de leitura da maioria dos alunos, as experiências com a literatura estão fortemente marcadas pelas indicações de leitura feitas no período escolar, entre as quais as leituras realizadas para o vestibular. A ambiguidade está presente nos discursos sobre as lembranças dos livros lidos. Lembranças que nem sempre trazem boas recordações foram rememoradas, tais como a elaboração das fichas-resumo e outras formas de avaliar o que foi lido. Nesse contexto, podemos constatar que a escola marca um lugar ambíguo, que tanto pode favorecer como prejudicar a formação do aluno-leitor.

A disciplina *Discursos da paixão: leituras literárias* foi planejada seguindo o formato de seminário, com a participação semanal de um convidado que fazia a exposição de sua paixão por determinado autor ou obra, conforme se mostrou anteriormente. Nossos convidados revelaram sua paixão ou paixões e contagiavam a todos. Por isso, essa disciplina tornou-se um importante espaço de formação para os alunos.

Destacamos, aqui, a releitura de Guimarães Rosa, não apenas do ponto de vista da singularidade da narrativa, mas do autor como pesquisador arguto da linguagem, da flora, da fauna, dos odores, dos pássaros, enfim, o universo rosiano, que nos foi apresentado através da metapesquisa que Eduardo Cisalpino trouxe-nos para o seminário; ou o passeio pela poesia de Olavo Bilac e Manuel Bonfim, autores até então desconhecidos para os alunos, propiciado pelas lembranças da professora primária Elza de Moura.

Não teríamos espaço para descrever todos os seminários desenvolvidos em dois semestres, com a presença de 28 convidados, que partilharam com os alunos, cada um a seu modo, diferentes gêneros textuais – poesia, crônicas, romances –, diferentes autores, consagrados, ou não, da literatura infantil, ou não. A diversidade textual e temática, assim como os variados interesses levaram os nossos convidados a desvelar suas paixões e também a nos contagiar com elas. Falar de sua paixão e/ou de suas paixões faz com que o "apaixonado" tenha desprendimento para se desnudar diante de um grupo e por ele se deixar conhecer.

O formato semiaberto da disciplina corresponde à proposta de trazer para os alunos a possibilidade de experimentar a paixão de outrem e, de certa forma, apropriar-se dela pelas palavras do narrador, para finalmente, seduzidos – o que é comum acontecer –, ler – beber na fonte – os livros citados nos seminários. Proporcionar aos alunos de graduação um semestre ouvindo histórias de leitura, oferecendo-lhes conhecimentos sobre diferentes obras e autores, aumentando-lhes o repertório de leituras, aguçando-lhes o desejo de ler, deixa evidente a necessidade de espaços de formação em diferentes níveis – graduação, especialização, aperfeiçoamento –, em que sejam ofertadas disciplinas com esse caráter, pois sabemos que a literatura está presente nas escolas, mas restrita às estantes, muitas vezes por desconhecimento do acervo dos seus espaços de leitura e bibliotecas.

A partir dessa disciplina, outras questões vieram à tona, tais como as ligadas ao repertório de leituras dos alunos, futuros professores, que mostraram pouco conhecimento sobre os autores e títulos da literatura infantil e um relativo conhecimento sobre obras e autores consagrados da Literatura Brasileira.

A experiência vicenciada pelos alunos, à medida que cada convidado expunha suas leituras, permitiu-lhes perceber a pluralidade proposta por Eco (1994, p. 14), no sentido de "que os leitores empíricos podem ler de várias formas, e não existe lei que determine como devem ler, porque utilizam o texto como receptáculo de suas próprias paixões, as quais podem ser exteriores ao texto ou provocadas pelo próprio texto..." Os alunos eram, de certo modo, provocados pela paixão do outro e tentados a conhecer as obras de seus "apaixonados".

Após cada encontro, os alunos eram instigados a escrever sobre a exposição do convidado, não com o objetivo de apresentar um relatório, e sim de refletir sobre o todo ou parte do que ouviram e que fosse significativo para eles, procurando estabelecer relações afins e/ou diferenças entre suas experiências como leitores e aquelas presentes nos diversos depoimentos. A partir dessa experiência, os alunos produziam seus textos e percebiam, na socialização dos mesmos, a diversidade na produção de sentidos de uma mesma exposição.

Com isso, comparavam essa situação com outras vivenciadas no passado, quando eram solicitados a encontrar uma única resposta às perguntas feitas sobre as obras lidas. Nas reflexões elaboradas pelos alunos, muitos revelavam que podiam ler poemas e dar a sua interpretação sem se preocuparem se isso estava certo ou errado, descobrindo o prazer de ler e podendo compartilhar esse sentimento.

Para nós, que ministramos a disciplina, também tem sido prazeroso propiciar aos alunos de graduação de Pedagogia esse conhecimento, dando-lhes a oportunidade de se valer da literatura como importante estratégia na formação de leitores, pois grande parte desses alunos vai atuar como professores das séries iniciais. Eis a nossa grande preocupação: que eles não levem para as salas de aula as experiências malsucedidas com os livros de literatura, mas que levem a literatura com conhecimento e paixão, revelando a seus alunos o *discurso da paixão de suas leituras literárias*.

REFERÊNCIAS

ECO, Umberto. *Seis passeios pelos bosques da ficção*. São Paulo: Cia. das Letras, 1994.

PAIVA, Aparecida *et al.* (Orgs.). *Literatura e letramento: espaços, suportes, interfaces*. Belo Horizonte: Autêntica Editora, 2003.

SOARES, Magda. Letramento e escolarização. In: RIBEIRO, Vera Masagão (Org.). *Letramento no Brasil*. São Paulo: Global, 2003.

ZILBERMAN, Regina. *Literatura infantil: autoritarismo e emancipação*. São Paulo: Ática, 1984.

Capítulo 6

QUE LEITORES QUEREMOS FORMAR COM A LITERATURA INFANTOJUVENIL?[1]

Anne-Marie Chartier

Hoje, a literatura infantojuvenil é abundante, disponível, e está em perpétua renovação, com seus sucessos de edição, seus salões, suas revistas. Podemos ter acesso a ela de múltiplas maneiras, graças à rede comercial de vendas, mas também fora dela. Todos se alegraram, nesses últimos anos, ao constatar a multiplicação dos espaços especializados para as crianças em todas as mediatecas,[2] espaços onde podemos encontrar pessoas competentes e geralmente apaixonadas por aquilo que fazem. Vimos reportagens, na televisão ou na imprensa escrita, que mostram que esse é um setor vivo, feliz... e que a escola leva a esses espaços bandos de crianças, mais ou menos disciplinadas, mas contentes. Assim, dois mundos se encontram e fazem trocas sobre suas formas de trabalhar: as mediatecas acolhem turmas escolares e realizam com elas atividades de pedagogia extraescolar. As escolas das séries iniciais têm sua Biblioteca Centro de Documentação (BCD), as das últimas séries do ensino fundamental e de ensino médio têm seus Centros de Documentação e Informação (CDI) e todas realizam animações, exposições, oficinas ou

---

[1] Tradução de Ceres Leite Prado.

[2] Mediateca – biblioteca informatizada e multimídia que disponibiliza uma vasta gama de suportes: livros, revistas, vídeos, filmes, CDs, CD-ROMS, *softwares* diversos.

concursos de leitura, assim como fazem as bibliotecas, as livrarias e as editoras. O setor da literatura infantojuvenil parece, então, o espaço de uma grande riqueza inventiva, pleno de dinamismo.

Esse é o quadro que se desenha quando se observam as coisas um pouco de longe. Assim que nos aproximamos, assim que tentamos olhar mais concretamente o que se faz nesse setor, assim que ouvimos ou que lemos os discursos que são feitos a respeito da literatura infantojuvenil, tomamos consciência de que a situação é infinitamente menos simples e que ela até esconde tensões contraditórias. As finalidades da literatura infantojuvenil são as mesmas quando ela é utilizada no espaço público e no espaço privado das famílias? Os usos que desejamos encorajar podem ser os mesmos no espaço comercial, o dos editores e das livrarias, que devem vender para existir, e no mundo da leitura pública, das bibliotecas gratuitas frequentadas por quem quer, ou ainda no mundo da escola, ela também gratuita, mas obrigatória? As perspectivas nesses diferentes espaços se sobrepõem, mas não podem e não devem ser confundidas.

As leituras de formação e as leituras de prazer imediato

Fazendo uma leitura da apresentação do livro *Enseigner la littérature – de jeunesse?*, de Anne-Marie Mercier-Faivre (1999),[3] vemos que esse texto se interroga sobre as relações entre a literatura infantojuvenil e a literatura, tomando uma posição que se inscreve na grande tradição escolar. Nele podemos ler que não se deve esquecer a literatura, pois as leituras infantis não têm como objetivo apenas distrair ou habituar as crianças a utilizarem esses textos, mas que é

---

[3] MERCIER-FAIVRE, Anne-Marie (Dir.). Avant-propos: Et si on s´occupait de littérature? *Enseigner la littérature – de jeunesse?* Lyon: Presses Universitaires de Lyon ("IUFM"), 1999, p. 5-16.

através dessas leituras que se forma a personalidade, a inteligência, o caráter, e não apenas o consumidor de impressos, os frequentadores das bancas de jornais e os fregueses das livrarias. O que afirma esse texto é exatamente o que se dizia nos discursos do período entre as duas guerras e até o final dos anos de 1950. A partir dos anos, 1960, esse discurso foi violentamente criticado, porque ele era visto como normativo e elitista. Ora, o que ele enuncia parece, entretanto, muito bem fundamentado. Se se deseja formar o gosto de alguém pela leitura, todos sabem que não se pode prometer a essa pessoa o prazer imediato e durante todo o tempo. Na França, quando se trata de formar o gosto das novas gerações em matéria de culinária, podemos pensar que vale a pena lutar contra o estilo "Mac Donald's", que dá, entretanto, tanto prazer imediato às crianças. Podemos tentar fazer com que elas apreciem a diferença sutil que existe entre dois tipos de *quenelles*[4] de Lyon, por exemplo, as feitas com frango e as que são feitas com peixe. Apreciar a diferença entre dois *beaujolais*[5] depende da mesma agradável exigência. Isso se chama formar o gosto, que é um verdadeiro aprendizado cultural, e é preciso tempo para isso. Sabemos bem que se corre então o risco de não fazer "provar" imediatamente os pratos que propomos e cujos aromas são sutis demais para os palatos habituados aos gostos sem surpresa do Mac Donald´s e da Coca-Cola.

Lendo o texto de Mercier-Faivre (1999), poderíamos pensar que um período tão marcado, como o nosso, pelo discurso do prazer imediato estaria talvez sendo sucedido por um período em que seria novamente possível, sem parecer reacionário, se ter um discurso sobre a lentidão e a dificuldade das aprendizagens, um discurso sobre a necessidade de aceitar essa lentidão e essa dificuldade. Em resumo, o discurso

---

[4] Prato típico da região de Lyon, feito com uma massa recheada com peixe, aves, caça etc...

[5] Célebre vinho da região do Beaujolais, na França.

sobre a necessidade de buscar, a qualquer preço, o prazer de ler, sempre e em todo lugar, pode estar dando lugar a novas reflexões sobre o assunto. Vejam o que se pode ler no texto de Mercier-Faivre: "É preciso que a literatura tenha seu lugar na escola, qualquer que seja a idade das crianças, se se quer formar futuros leitores."

O que é preciso entender aí: futuros leitores... de livros infantojuvenis, ou futuros leitores, de forma geral, futuros leitores de literatura? Esse texto diz em seguida:

> Não se pode fazer isso sem determinar o que se engloba sob o termo de "literatura infantojuvenil". A literatura infantojuvenil é "literatura"? A "grande literatura" é apenas para os "grandes"? Nós nos contentamos muito freqüentemente com obras menores ou definitivamente medíocres; pretende-se "adaptar" e se facilita. Tudo isso faz com que o que se apresenta como "literatura" às crianças e jovens apareça como o contrário do que ela é, como um encadeamento de palavras e de frases frouxas, um puro objeto de distração inútil, uma leitura insípida, sem vícios e, portanto, sem virtudes.

Temos aí afirmações interessantes, mas discutíveis, problemáticas, que retomam um discurso clássico, segundo o qual o importante não é a quantidade, mas a qualidade, quer dizer, o conteúdo daquilo que se lê.

O que eu gostaria de fazer aqui é uma volta ao passado e mostrar que etapas tiveram que ser vencidas antes de se chegar a esse texto, com o qual também concordo. Essa posição foi, com efeito, defendida numa época em que a escola era ainda muito elitista, quando apenas uma minoria de crianças ia até o ensino secundário, em que uma grande parte da população da França não lia nenhuma literatura, simplesmente porque não lia de maneira nenhuma. Nos anos de 1950, mais de um francês em dois não lia nenhum livro. Por isso, o discurso sobre a qualidade literária das leituras foi rapidamente compreendido pelos bibliotecários como um discurso desastroso para o próprio futuro da leitura. Buscando privilegiar as grandes obras, os bons textos, os livros de grandes autores, corria-se o risco de que as pessoas não lessem nada, o risco de "desviar" as crianças da leitura. Para os bibliotecários, era urgente adotar então uma estratégia completamente diferente. Se hoje esse discurso pode ser novamente retomado, é talvez porque os riscos não são mais os mesmos, e é sobre isso que se deveria refletir prioritariamente.

Para que possamos compreender essa mudança, eu gostaria de partir, num primeiro momento, de alguns problemas que não cessaram de me questionar através das diferentes pesquisas que realizei sobre a leitura nesses últimos anos. Esses problemas se relacionam tanto aos discursos sobre a literatura infantojuvenil quanto às práticas de leitura que eles suscitam – ou revelam. Eu vou explorar três interrogações. A primeira é concernente ao estatuto da literatura infantojuvenil em relação à literatura; a segunda está relacionada à definição dos destinatários, essa infância e juventude que é concebida como um alvo particular; a terceira é concernente à ligação que se pode fazer entre leitura e sucesso escolar.

A literatura infantojuvenil: iniciação à literatura ou à leitura?

A primeira questão pode ser formulada assim: a literatura infantojuvenil é uma propedêutica à literatura, é uma subliteratura que se daria aos jovens para ajudá-los a entrar progressivamente na "grande literatura"? Se o caso é esse, ela é apenas um apoio que se pode abandonar assim que se chega, enfim, junto daqueles que são os "verdadeiros autores" visados (Vitor Hugo, Balzac, o romance contemporâneo "literário" etc.) Para os professores de literatura, por exemplo, os autores caracterizados como pertencendo à literatura infantojuvenil frequentemente são considerados como pertinentes, interessantes, úteis apenas em função do objeto literário que é o único e verdadeiro objetivo visado. Pode-se ver, ao contrário, a literatura infantojuvenil como uma boa "isca", sedutora, agradável, eficaz para iniciar as crianças na leitura e numa leitura cada vez mais autônoma. Nessa perspectiva, o objetivo não é mais a entrada na literatura, mas a entrada numa leitura individual, que não terá mais necessidade de ser guiada por mediadores autorizados como os bibliotecários ou os professores. O importante não é levar a ler literatura, mas, simplesmente, transformar as crianças e jovens em leitores. Pelas leituras infantojuvenis, a criança, e depois o jovem, vai se construir como um leitor autônomo e continuará, em seguida, a ler o que quiser, como, por exemplo, revistas e jornais.

De acordo com a escolha que se faz, não teremos talvez a mesma posição e as mesmas escolhas de livros, quando se tratar de propor textos a serem lidos pelas crianças e adolescentes. Aqueles que defendem a posição de "leitura pela leitura" ou do "prazer de ler" não se colocam da mesma maneira que os outros a questão dos autores específicos para a infância e para a juventude e não se preocupam em saber se a "literatura infantojuvenil" pode ser qualificada como "literatura". Naquilo que se chama comercialmente "literatura infantojuvenil", encontra-se, na verdade, o mesmo leque de produtos que naquilo que se chama comercialmente de "literatura". Encontramos autores maiores e autores menores, clássicos, autores na moda, bons romances e maus romances (literariamente falando e não apenas moralmente). Podemos encontrar aí literatura fácil e difícil, romances "água com açúcar", policiais, textos de vanguarda.

Para alguns, é preciso fazer uma triagem em função de objetivos pedagógicos, e há certos livros presentes no mercado que são considerados indignos de figurar numa lista proposta em sala de aula; para outros, é preciso manter o leque de opções o mais aberto possível, afirmando que o importante é que cada um possa encontrar alguma coisa que lhe agrade, e que sempre é melhor ler alguma coisa do que nada ler. Aí está um problema presente em todos os debates e que constitui frequentemente a questão permanente e central das discussões entre pedagogos e bibliotecários. Essa questão é encontrada também nos debates entre professores de francês, dependendo de como eles se percebem: como professores de língua francesa, encarregados de fazer dominar a língua escrita, ou mais como professores de literatura, encarregados de transmiti-la.

Infância e juventude como alvo de leitura

A segunda questão não se refere mais ao termo "literatura", mas, sim, às expressões "infância" e "juventude". Como determinar o que entra ou não na categoria "literatura infantojuvenil"? Para os editores, os títulos que vão entrar nessa categoria são aqueles que, de imediato, têm um destinatário específico. A literatura infantojuvenil, do ponto de vista editorial, foi fabricada para um público particular, exatamente como há um público particular para a coleção *Harlequin*[6] ou para um certo tipo de romance de espionagem. A definição do alvo "infância" e "juventude" seria também uma definição editorial e comercial. Dessa forma, ela tem características precisas, visíveis nas encomendas feitas pelos editores a seus autores: limitações de escrita e de estilo, indicações sobre o tamanho, ilustrações, repertório de temas etc. Podemos ter uma ideia desse tipo de escrita observando as transformações feitas por aqueles que adaptam obras literárias para um público infantil e jovem. Encurta-se, corta-se, simplifica-se. Como é que se define intuitivamente o que é esse "a mais" que se deve retirar? Às limitações relativas à forma, acrescentam-se as limitações do conteúdo. Uma adaptação é também sempre uma censura.

Os autores de literatura infantojuvenil consideram geralmente sua especificidade de maneira positiva. Alguns até a reivindicam, não como uma desvalorização, mas como uma

---

[6] A coleção *Harlequin*, de grande sucesso popular, publica romances de amor do gênero "água com açúcar".

valorização, como uma possibilidade de fazer surgir novas formas de escrita. Isso não é fácil, mesmo se eles não o querem admitir, já que ser designado como um "escritor para crianças" ou "um escritor para adolescentes" é menos valorizado do que ser considerado como um escritor. Os argumentos que podem ser expostos são, entretanto, interessantes. O caso das histórias em quadrinhos é um bom exemplo: elas eram um gênero reservado às crianças e se tornaram um verdadeiro gênero literário, com suas modalidades de articulação texto/ imagem, sua arte da elipse. Elas integraram um modo de escrita/desenho cinematográfico, com suas retomadas, seus códigos de escrita específicos para mostrar a fala interior, todas essas coisas que as crianças aprendem muito depressa: se o balão onde está o texto está ligado àquele que fala, trata-se de um discurso direto; se ele flutua acima dele, trata-se de seus pensamentos. Muito cedo, as crianças foram formadas, aculturadas a esses códigos literários que são ainda, algumas vezes, mal compreendidos pelos leitores adultos, pouco familiarizados com esses suportes. Pode-se então dizer que a literatura infantojuvenil, mesmo dirigida a um público definido, é uma verdadeira literatura, já que ela não é apenas uma Literatura por aproximação, uma literatura que simplifica suas formas, mas também uma literatura que inventa novas formas de escrita. Poderíamos evidentemente fazer a mesma demonstração para o livro ilustrado do século XX ou para o romance de formação, esse gênero utilizado para instruir crianças que se tornou um gênero literário desde o final do século XVIII.

Mas há uma segunda definição que se opõe a essa e que diz que não se pode definir a literatura infantojuvenil pelo público visado no momento da fabricação do objeto. É preciso definir a literatura infantojuvenil pelo seu uso, ou seja, pelos seus leitores: hoje, não se pode mais dizer que as histórias em quadrinhos sejam reservadas à juventude. Algumas são lidas pelos pais antes de se tornarem leitura dos filhos adolescentes.O público de *Astérix*, assim como o de *Tintin*, vai, certamente, dos 7 aos 77 anos. Quando se define a literatura infantojuvenil observando quem lê o quê, descobre-se que livros feitos para a infância e a juventude não são de forma alguma, reservados a elas e, inversamente, que livros feitos para adultos são frequentemente lidos pelas crianças e jovens. Encontramos aqui o papel da escola: livros escritos por escritores "comuns", não especializados no setor "crianças e jovens", tornam-se (por razões que seria necessário tentar compreender) clássicos para a infância e a juventude em razão de sua utilização massiva no campo escolar. Citemos, por exemplo, romances que foram grande sucesso de vendas, como *Un sac de billes,* de Joffo, ou *Les allumettes suédoises,* de Sabatier.[7] Esses livros não foram escritos para as turmas de quarta e quinta séries mas para o grande público. Ora, eles se tornaram, em pouco tempo, livros para um público de crianças e jovens. É o contrário do que aconteceu com certas histórias em quadrinhos, forma reservada inicialmente à infância e à juventude, que se tornaram literatura para adultos. O que acontece quando esse fenômeno toca as obras do patrimônio literário? Uma tal aventura modifica a imagem das obras de forma durável, e é preciso se interrogar sobre os efeitos, benéficos e perversos, dessa captura de obras do patrimônio pelo campo da educação, como têm feito alguns pesquisadores do Institut National de Recherche Pédagogique (INRP). Tomemos o exemplo de *Madame Bovary,* que tem agora, para gerações de alunos do ensino médio, o rosto de Isabelle Hupert.[8] Quando se observa quem compra e lê esse romance, a cada ano, vemos que são essencialmente jovens que estão no primeiro ou segundo ano do ensino médio, bem mais do que adultos que querem descobrir, tardiamente, Flaubert. De um ponto de vista sociológico, *Madame Bovary* é hoje um livro para a juventude (o que deve fazer com que o pobre Gustave Flaubert se vire em seu túmulo, já que so-

---

[7] Em português: *Um saco de bolinhas de gude* e *Os fósforos suecos.*

[8] A autora refere-se à atriz principal do filme *Madame Bovary,* de 1991, dirigido por Claude Chabrol.

freu um processo por atentado aos bons costumes por causa desse livro!) Por outro lado, *Phèdre*, a célebre peça clássica de Racine, fazia parte da literatura para jovens no meu tempo (juventude que frequentava o ensino médio, o que não significava toda a juventude, longe disso), enquanto hoje se pode dizer que Racine e Corneille reintegraram o campo da literatura, desde que as tragédias clássicas não são mais o alimento obrigatório das gerações posteriores. Percebe-se, de um ponto de vista cultural, o problema que emerge dessas constatações: é toda uma questão de transmissão do *corpus,* das leituras obrigatórias ou livres.

Amor pela leitura e sucesso escolar

A última questão, que atravessa todos esses debates, vem de um fenômeno evidenciado recentemente, com as últimas pesquisas dos sociólogos da leitura: assiste-se hoje a uma dissociação bem marcada entre o fato de gostar de ler e o fato de ser reconhecido como bom aluno no âmbito escolar. Uma das certezas que estruturou as posições dos professores e, junto com eles, dos bibliotecários, por muitos anos, foi a de ligar o gosto pela leitura ao sucesso escolar. Parecia normal estabelecer uma relação natural entre o fato de conduzir o aluno ao sucesso e o fato de encorajá-lo a ler. Na representação dos professores, dos pais e dos próprios alunos, todos os bons alunos eram, forçosamente, grandes leitores, e todos os grandes leitores eram forçosamente, bons alunos. Ora, as últimas pesquisas de François de Singly[9] mostram que as duas pontas estão se desconectando... Encontramos adolescentes (principalmente meninas) em evidente processo de fracasso escolar e que são grandes leitoras, frequentadoras assíduas de bibliotecas. Seu gosto pela leitura (principalmente pelos romances), no entanto, não tem nenhum efeito positivo sobre seu sucesso escolar. François de Singly mostrou que algumas

---

[9] Sociólogo francês, com várias pesquisas sobre questões relacionadas à leitura.

dessas adolescentes puderam até ver, em seus boletins escolares, anotações que diziam que elas não apreciavam – e até mesmo que não sabiam – ler. Eis aí um ponto que questiona intensamente a escola.

O fenômeno inverso é mais surpreendente ainda, e ele é percebido até como mais inquietante por alguns. É o fato de que se possa ser um bom aluno em francês, ter boas notas em leitura metódica e nas redações, ser excelente em todo material escrito entregue aos professores e dizer, sem falsa vergonha, que não gosta de ler e que lê muito pouco. Pode-se ler aquilo que é necessário para ter sucesso na escola, mas sem grandes investimentos e sem experimentar nenhum prazer pessoal. Numa pesquisa feita em 1992, um aluno muito bom entre quatro alunos, o que é bastante significativo, dizia que não gostava de ler. Os professores dos anos 60 e 70 nunca poderiam imaginar que isso fosse possível e ainda menos que pudesse ser expresso de forma tão explícita. Sabia-se, evidentemente, que alguns alunos, mesmo bons, eram pouco atraídos pela leitura. Da mesma forma que se pode dirigir muito bem sem gostar particularmente do volante, o fato de ter uma boa desenvoltura diante dos textos impressos não conduz forçosamente a gostar de ler. Mas afirmar isso sem falsa vergonha é romper com uma espécie de pacto implícito. Alunos muito bons não reconhecerem mais o amor pela leitura como uma característica necessária da excelência escolar é um fato profundamente perturbador. Isso indica que entramos na era da banalização da leitura, que não é mais reconhecida como o sinal distintivo de pertencimento a um grupo valorizado. Os valores aos quais todos aqueles que estavam bem adaptados ao sistema escolar eram obrigados, antigamente, a prestar reverência, mesmo que de forma implícita, estão hoje se desfazendo sob nossos olhos. Como se descobriu, há pouco tempo, uma diminuição relativa do número de grandes leitores entre os jovens, compreende-se que os comentadores tenham ficado chocados com os resultados dessas últimas pesquisas. A leitura não é mais tão "atraente" hoje como era há vinte anos, mesmo que, em números absolutos, hoje haja mais livros lidos pelos jovens do que ontem. Pode-se mesmo acrescentar que essa indiferença em relação à leitura é o preço do sucesso. É porque os professores, os mediadores institucionais e os pais fizeram tão fortemente pressão para ajudar todo mundo a ler que essa política, apesar de severos fracassos, deu frutos: gostar de ler não é mais considerado um privilégio. Pelo fato de ter entrado numa era de consumo de massa, a leitura, assim como a carteira de motorista, não é mais um sinal exterior de riqueza.

Durante muito tempo, constatou-se que, quanto mais um leitor era escolarizado, mais ele tinha chances de se tornar um grande leitor. Ora, hoje, o consumo de livros e a qualificação escolar não estão mais tão solidamente ligados. A escolarização aumentou de forma intensa para todos, mas o crescimento dos leitores não acompanhou essa curva do prolongamento dos estudos: os que terminam o ensino médio, hoje, leem menos do que os de vinte anos atrás. Graças à pesquisa feita recentemente sobre a leitura dos estudantes universitários, em particular os de cursos técnicos e científicos, sabe-se que o fato de fazer estudos superiores não implica mais o fato de ser um grande leitor, e menos ainda ser um grande leitor de literatura. Sentimos que as coisas mudaram. É por isso que podemos, novamente, sustentar um discurso que, no lugar de medir quanto se lê, em termos estritamente quantitativos, se interessa pelo conteúdo das leituras. No lugar de se perguntar se uma criança lê um pouco, muito, apaixonadamente, ou nada, podemos procurar conhecer a qualidade do que ela lê. A formação do gosto dos leitores torna-se novamente prioritária, e, através disso, a questão da literatura pode ser novamente colocada.

Leituras acompanhadas e leituras obrigatórias

Para esclarecer essas questões, eu posso agora fazer a volta ao passado de que havia falado no início, para apreender como se cristalizaram as questões e se estruturaram as oposições em torno da literatura infantojuvenil. Lendo os discursos sobre a leitura sustentados durante um século, eu aprendi, ou melhor, eu redescobri alguma coisa que havia vivido durante minha infância, mas que eu havia esquecido e que nossa memória coletiva também havia esquecido. O discurso escolar que afirma a necessidade de formar os alunos ao gosto pela leitura (e não ao prazer de ler) foi motivado por uma grande desconfiança em relação às leituras livres. Para a escola, as leituras da infância e da juventude devem sempre ser acompanhadas e, logo, vigiadas. A leitura só pode se aprender de forma útil com bons livros, grandes textos, logo com livros difíceis, que não são facilitados, que não são "um encadeamento de frases frouxas, um puro objeto de distração inútil, uma leitura insípida, sem vícios e, portanto, sem virtudes". Essa certeza foi construída no século XIX e no início do século XX, no grande conflito entre as instâncias que tinham legitimidade para formar a infância e a juventude através dos textos escritos: A igreja ou a escola laica. O que a memória escolar conservou depois do final da segunda guerra mundial foi a oposição entre a lista dos livros recomendados pela Igreja católica, aqueles que podiam ser encontrados nas bibliotecas das escolas privadas, e, de outro lado, aqueles que eram recomendados pela escola laica. Esta se vangloriava de ter uma concepção de leitura infinitamente mais liberal que a igreja. A escola propunha um inventário de textos muito mais aberto, ao mesmo tempo para as leituras de lazer, aquelas que preenchiam as bibliotecas das escolas, e para as leituras obrigatórias, aquelas que constituíam os programas escolares. O *corpus* literário laico inclui o século XVII cristão, com Bossuet, Pascal, mas também la Fontaine; ele oferece um leque das Luzes do século XVIII, com Voltaire, Diderot e Rousseau, ao mesmo tempo; ele aceitará o Romantismo e, pouco depois, o Naturalismo, Vitor Hugo e Zola. O *corpus* da grande literatura proposta para formar as jovens gerações é ideologicamente contraditório, enquanto que aquele proposto pela igreja é muito mais homogêneo.

Pela concepção laica da leitura, é preciso então conduzir as crianças em direção às grandes obras literárias, através de um *corpus* que, se bem que inatacável do ponto de vista da língua e, evidentemente, da moral, é bem maior e eclético nos seus modelos de referência e seus modelos de valores do que aquele que é proposto pela igreja. Esse ponto permaneceu ancorado na memória dos professores e foi brandido como uma bandeira para dar uma ideia da tolerância e da abertura de visão da escola laica, de tal maneira que se tornaram menos visíveis as posições que a escola partilhava com sua adversária. Para as duas escolas, entretanto, era evidente que as leituras propostas às crianças deveriam ser leituras vigiadas pelos professores, leituras moral e intelectualmente enquadradas. Em nenhuma das duas escolas, laica ou privada, não se podia deixar que as crianças lessem essas coisas abomináveis, apavorantes, que eram as leituras comerciais, os impressos de pura diversão, os *comics* ilustrados, os livros baratos, impressos em grande número, com suas ilustrações gritantes, que ofendiam tanto os bons costumes quanto a língua francesa, a inteligência e a sensibilidade das crianças. "Belas leituras", "bons livros", "grandes autores", esse era o caminho proposto às crianças. Por essa razão, a literatura infantojuvenil que se pode propor como alternativa às revistas e aos "maus" jornais para crianças e que proliferam desde o início do século é uma questão ideológica muito forte.

Nos anos 1960, aparecem as consequências dessa estratégia que privilegia o esforço e a vontade, mesmo se ela acredita que o prazer, no final das contas, recompensará sempre esse esforço e essa vontade. Mas esse final das contas está tão distante que a maior parte desses jovens leitores desistem durante o caminho. Por querer mirar na qualidade e na qualidade literária, deixa-se afinal a maioria das crianças do lado de fora da porta da biblioteca. Se se quer que mais crianças leiam, crianças que vão, de qualquer maneira, continuar seus estudos e não cair diretamente no mercado de trabalho, se se quer que cada vez um número maior de crianças, todas as crianças, se interesse pela leitura, é preciso outros materiais e outras escolhas. É preciso aceitar as leituras efêmeras e as leituras contemporâneas que falarão às crianças não de pastorinhas e limpadores de chaminés, mas, talvez, de ruas e de cidades, não da pequena cabra de Monsieur Séguin,[10] mas de Tintin e Milou.[11] É preciso aceitar toda uma renovação do *corpus* para a literatura infantojuvenil; aceitar a articulação imagem/texto das histórias em quadrinhos, as revistas e as leituras "de atualidade", como aquelas que fazem os adultos, que são leitores de jornais sem, por isso, serem amantes da literatura.

Clássicos e novidades, as transmissões e as partilhas

É nesse momento que nasce um violento debate, que ultrapassa as revistas pedagógicas, por ocasião de um sucesso de vendas que altera as opiniões estabelecidas. Trata-se do livro *Papillon*, a autobiografia de um presidiário. Foi um dos primeiros livros cuja tiragem ultrapassou um milhão de exemplares, e seu lançamento foi um acontecimento sem precedentes. Ora, na mesma época, os críticos descobriam o *Nouveau Roman*.[12] Vocês podem imaginar as discussões sem fim entre os sociólogos da literatura e os críticos literários para saber qual era o acontecimento da década: era a invenção de uma nova forma de romance colocada em circulação por Nathalie Sarraute, Alain Robbe-Grillet, Claude Simon, Marguerite Duras e Michel Butor, ou era o fato de que um livro tão grosso como *Papillon*, narrativa de experiência que não era literatura, mas um testemunho, fosse lido por um público que representava uma quantidade de leitores totalmente

---

[10] A autora refere-se ao livro de Alphonse Daudet: *La Chèvre de Monsieur Séguin*.

[11] Personagens da história em quadrinhos *Tintin*.

[12] Movimento literário dos anos de 50.

inimaginável naquela época? Hoje *Papillon* foi esquecido, e Marguerite Duras vingou o *nouveau roman* ultrapassando, com *O Amante*, o número de exemplares vendidos. Mas, por trás desse recorde de vendas e dos lucros de *Papillon*, há um fenômeno social importante. Para um público de leitores, no mesmo momento, um mundo de experiências se encontra partilhado, pelo fato de que todo mundo lia o mesmo livro, falava dele, trocava impressões, mesmo que isso tenha durado pouco tempo. O acontecimento é, em literatura, a irrupção, em grande escala, de fenômenos de moda efêmera, enquanto os "mundos de referência" constituídos, no mesmo momento, por obras célebres permaneciam estáveis ao longo do tempo, mesmo que partilhados por um pequeno número de leitores. É isso que faz toda a diferença – sociológica – entre os *best sellers* e os clássicos.

Esse mesmo problema permanece quando se interroga, hoje, a respeito da literatura infantojuvenil. É preciso privilegiar aquilo que é a literatura de novidade, os novos lançamentos cujos números chegam a nos dar vertigem; mas onde podem se esconder, nunca se sabe, obras-primas? Se se faz essa escolha, corre-se um grande risco, porque os livros selecionados podem ser leituras efêmeras. Em um ano, talvez menos, ninguém mais falará desses livros. Aqueles que os tiverem lido e gostado, vão guardá-los na memória como uma referência nostálgica ("Você se lembra? Foi no ano em que a gente estava lendo *Jamais sans ma fille*[13]"). Entretanto, ninguém vai tentar fazer com que eles sejam relidos ou exigir que as turmas dos anos seguintes os leiam. Quando se está no espaço escolar, busca-se trabalhar com a partilha entre as gerações, ou seja, com as transmissões. Somos então levados a privilegiar livros que se "gastam" menos. Essa partilha entre as gerações é necessária para tornar possível uma compreensão mútua. A geração que é

---

[13] Em português: *Nunca sem minha filha*.

responsável pelos jovens não tem outros meios para apresentar àqueles que chegam ao mundo que vão habitar, que vão transformar, mas que as gerações anteriores já mobiliaram, para retomar o que diz Hanna Arendt. A única forma de agir é apresentar, do estoque infinito dos produtos presentes na memória, apenas uma pequena parcela daquilo que parece melhor, daquilo através do qual cada um de nós poderá se reconhecer e falar indiretamente de si mesmo aos outros. Se um aluno quer, em uma tarefa, fazer alusão a um livro que ele leu e que seu professor ignora totalmente, como é que eles vão se entender? Para que a literatura infantojuvenil possa ter uma utilização positiva no interior da escola, é preciso evitar se colocar num campo tão aberto que as leituras de uns nunca serão as leituras dos outros. Se eu sou aluno de sétima série e faço alusão, numa redação, a um livro de que gostei muito e que seria, por exemplo, *Germinal*, não haverá nenhum problema, o professor compreenderá. Se eu faço alusão a *Chroniques martiennes*,[14] de Ray Bradbury, a probabilidade diminui, mas hoje ela ainda permanece grande. Mas se eu falo de Keyes, e se eu comento de *Des fleurs pour Algernoon*,[15] que eu li e gostei porque um colega me incentivou a ler, há uma grande chance de que o professor não compreenda nem mesmo do que eu quero falar. Cabe ao aluno instruir o professor? Os professores podem tentar fazer sua a cultura dos alunos. Todos veem que é materialmente impossível e, além disso, que isso talvez não seja desejável: as partilhas entre gerações não são partilhas entre pares. A geração dos adultos e a geração dos alunos não podem ter a mesma cultura, não podem mais se falar, se se pensa que é necessário privilegiar a novidade.

Dessa forma, desde que se trabalhe a respeito dos usos da literatura infantojuvenil no interior do campo escolar, o

---

[14] Em português: *Crônicas marcianas.*

[15] Em português: *Flores para Algernoon.*

grande problema é o da transmissão, porque é a transmissão que organiza a partilha. Nunca se lê sozinho, não se lê para si mesmo numa ilha deserta, mesmo que, durante o tempo da leitura, os leitores possam experimentar esse distanciamento do mundo que os cerca e acreditarem que estão sós com seus heróis de ficção. Mas, fechada a última página, reencontramos o mundo dos homens, e a virtude dos livros é a de mudar, pela ficção, nosso olhar sobre a realidade. Ora, aqueles que prescrevem as leituras, quer eles sejam do mundo da escola ou do mundo das bibliotecas, são sempre "velhos leitores" que já constituíram um capital de referências culturais, que têm uma coleção impressionante de lembranças de leituras e que têm diante de si jovens leitores sem memória. A grande questão é saber como organizar, nas transmissões, os velhos textos conhecidos e a novidade editorial: o tempo da escola é limitado, e não se pode ler tudo. É preciso, então, escolher. Os modos de transmissão que se fazem nas redes informais privilegiam, hoje, as relações entre pares, entre pessoas da mesma geração, de modo que certas leituras, projetadas e "promovidas" no mercado, assim como é feito com discos ou filmes, podem fazer viver momentos emocionais fortes, comuns a pequenos grupos, independentes de qualquer prescrição. Mesmo que possamos nos alegrar com essas partilhas espontâneas, não podemos fazer disso a regra de nossa vida pedagógica. Na instituição escolar, devemos construir referências coletivas, valores comuns. Nossa missão é um dever de transmissão, exigente, mesmo que, "ao final das contas", possamos esperar disso muito prazer. Ela nos pede para fazer escolhas claras, restritivas e, por isso mesmo, difíceis. É por isso que, quando nos interrogamos sobre a literatura infantojuvenil, não podemos escapar da questão dos "clássicos para a infância e a juventude" e, dessa forma, somos regularmente levados a encarar de frente a questão da literatura.

Capítulo 7

LITERATURA E LIVRO DIDÁTICO NO ENSINO MÉDIO: CAMINHOS E CILADAS NA FORMAÇÃO DO LEITOR

Egon Rangel

Em 2001, aceitando o que para mim foi e continua sendo um desafio, fiz algumas reflexões sobre letramento literário e livro didático de português (LDP), num encontro do GPELL em Sabará, em 2001. Não sei em que medida o resultado, publicado mais tarde (RANGEL, 2003), contribuiu para a construção da noção de "letramento literário". Seja como for, pensar a literatura, e particularmente a leitura do texto literário na escola, tem sido muito produtivo para um trabalho de que venho me ocupando desde 1996: a avaliação de LDP.

Isso porque, no contexto da "virada pragmática", o *desenvolvimento da proficiência escrita* tem sido um dos principais objetivos de Língua Portuguesa no ensino fundamental. Assim, a leitura e a escrita têm merecido uma permanente reflexão teórica e metodológica na universidade, em áreas como a Linguística, a Educação e a Psicologia. E o objetivo comum, declarado ou não, é o de construírem-se referências, ou mesmo modelos, para as práticas escolares. O pressuposto dessas investigações parece ser, então, o de que, conhecendo melhor os processos, as competências e as habilidades envolvidas na leitura e na escrita, a escola poderá planejar mais adequadamente – e, portanto, subsidiar e orientar melhor – a aprendizagem do aluno.

Embora compartilhe dessa crença e invista na mesma direção, penso que temos dado insuficiente atenção ao papel da leitura literária no desenvolvimento dessas tão visadas proficiências. E, por outro lado, percebo que temos refletido pouco sobre aspectos da leitura que não estão diretamente relacionados à proficiência, como a própria constituição do sujeito leitor, no processo de ensino aprendizagem. É por isso que repito, agora, o esforço de 2001. Não sem antes advertir o eventual leitor de que estas poucas páginas são uma incursão temerária num domínio que só conheço como amador. É desse lugar de mero leitor, e não do especialista em literatura e/ou em seu ensino, que venho tentando entender o que é – ou o que pode ser – *a leitura de textos literários* no contexto da escola e, em particular, do LDP. A intuição que persigo é a de que vale a pena reconhecer, nessa modalidade de leitura, um valor a ser preservado, não só no ensino de leitura e escrita em geral, mas no próprio trato do sujeito com a língua e a cultura.

Diminuindo um pouco alguns dos riscos inerentes ao amadorismo, mas assumindo outros tantos, procuro, nessas notas, tomar uma tripla cautela:

- situar-me no território da *leitura*, comum ao ensino de língua portuguesa em geral (e em qualquer nível), e o de literatura, mais específico;
- não ultrapassar, na discussão sobre leitura e literatura, os limites da noção de letramento, também comum às duas áreas;
- dirigir a discussão para o caso particular da literatura no LDP do ensino médio.

Nesse sentido, o que faço aqui não passa de alguns comentários aos princípios e critérios de avaliação da proposta pedagógica para o ensino da literatura em LDPs, destinados ao ensino médio, tais como formulados pelo Programa Nacional do Livro para o Ensino Médio, o PNLEM (Brasil, 2004). Na maneira como esses princípios e critérios concebem a leitura do texto literário há, a meu ver, uma dupla possibilidade: a de renovar o ensino de literatura e a de enriquecer a abordagem que, no âmbito do PNLD e do próprio PNLEM, temos utilizado para aferir a qualidade das atividades de leitura em LDPs.[1]

Língua Portuguesa, PNLEM e ensino de leitura

Em consonância com a virada pragmática no ensino de língua materna[2] e com as principais diretrizes curriculares nacionais para o ensino médio, os princípios e critérios de avaliação do PNLEM 2004 reconhecem, como um dos objetivos principais do ensino de Língua Portuguesa, o desenvolvimento da proficiência em leitura. Assim, esses princípios e critérios procuram, *grosso modo*, avaliar, antes de mais nada, o material que se oferece à leitura, assim como as atividades propostas com base nele.

Para ser capaz de propiciar a alunos e professores subsídios suficientes para o ensino/aprendizagem de leitura, o LDP precisa abrigar, em suas páginas, um material escrito representativo do que a cultura da escrita ao mesmo tempo oferece e demanda para um jovem de escolaridade média.

---

[1] Por isso mesmo, não posso deixar de agradecer aos professores Haquira Osakabe e Enid Yatsuda, responsáveis pela área de literatura no PNLEM 2004, em que trabalhamos juntos, pela coragem que me inspiraram, ao flagrá-los em plena militância literária e pedagógica. E ao GPELL, em especial à professora Aracy Martins, agradeço o renovado desafio dessa interlocução.

[2] Usei essa expressão, em artigo anterior, para me referir às mudanças que, nas duas últimas décadas, mudaram nossas concepções do que seja "ensinar língua materna". *Grosso modo*, essas mudanças deveram-se a uma espécie de articulação entre, de um lado, as reflexões e pesquisas orientadas para os funcionamentos da linguagem – e, portanto, para o uso linguístico – e as pesquisas em aquisição de linguagem e em aprendizagem. Em ambos os casos, os resultados desses esforços teóricos têm revelado o quanto certas crenças e métodos tradicionais a respeito da língua e de seu ensino são pouco adequados para subsidiar teoricamente a prática didática. E têm subsidiado os esforços de renovação de que os princípios e critérios de avaliação do LDP, tanto no PNLD quanto no PNLEM, são um testemunho.

Diversidade e heterogeneidade são, então, os critérios chave; e aplicam-se à autoria, aos gêneros, aos temas, aos tipos de texto, às esferas de atividades envolvidas. Além disso, o material selecionado deve ser autêntico (ou seja, produzido não para fins especificamente didáticos) e apresentar unidade de forma e de sentido. Do ponto de vista das atividades de leitura, o que se avalia é em que medida o trabalho proposto contribui efetivamente para a formação do leitor e o desenvolvimento de sua proficiência. O que significa verificar se a leitura é encarada como processo, se os gêneros são mobilizados como princípios de compreensão, se o texto é abordado em sua coesão e coerência, se, no conjunto das atividades, a macro e a microestrutura são articuladas, se os implícitos são resgatados etc.

Por outro lado, fazer do desenvolvimento da proficiência em leitura um dos principais objetivos do ensino/aprendizagem de Língua Portuguesa é, também, designar, para as informações *sobre* a língua e a linguagem, um papel que deve *justificar-se* pelas demandas da leitura e da escrita. Portanto, a escolha dos itens, assim como a forma pela qual serão abordados, devem subordinar-se, em primeiro lugar, ao que pode afigurar-se, na proposta de ensino de leitura e escrita, como subsídio metalinguístico. A sistematização dessas informações pode e deve fazer parte desse trabalho, mas não deve precedê-lo nem, muito menos, substituí-lo. Deve, antes, constituir-se numa proposta pedagógica para a análise e a reflexão sobre a linguagem, em que a leitura e a escrita fornecem os dados e o trabalho metalinguístico, a sistematização.

Se esta é a perspectiva para a abordagem da leitura, concebida como um componente curricular entre outros (como a produção de textos e a análise e reflexão sobre a linguagem), que dizer da literatura? Como aparece no PNLEM, e que articulações é possível estabelecer entre esses dois componentes?

Língua portuguesa, PNLEM e ensino de literatura

De certa forma, o ensino de literatura vem se tornando uma pedra no sapato do professor de português. E, a meu ver, uma matéria que vem sendo esquecida ou evitada em toda a educação básica.

No ensino fundamental, mesmo no segundo segmento, ela simplesmente desapareceu como conteúdo disciplinar. Na maioria dos guias curriculares, assim como em quase todos os LDP desse nível, a literatura é uma referência remota, presente apenas indiretamente na cena didática. É verdade que a palavra *literatura*, termos como *conotação, denotação, figura de linguagem, estilo, gênero, autor* etc. circulam livremente no espaço escolar. Aqui e ali, aparecem referências explícitas a *obras*, a *estilos de época*, à *literatura brasileira*. Mas não há, no funcionamento previsto para o ensino/aprendizagem, uma instância que organize esses vocábulos num sistema que lhes dê inteligibilidade teórica, que os tome como *noções*. Ao mesmo tempo, parte dos textos selecionados para leitura e ensino de leitura, seja em sala de aula, seja no LDP, são textos literários. Muitos deles fazem parte de uma assim chamada "literatura infantojuvenil", nem sempre encarada como Literatura nos circuitos culturais que determinam "o literário" dos textos; outros tantos são de autores "consagrados", ou seja, representativos de cânones bem estabelecidos. Entretanto, em ambos os casos, a instância discursiva que lhes dá especificidade linguística e cultural ou está inteiramente elidida ou vem referida em meio a informações outras *sobre* o texto; muito raramente vem integrada à leitura e à exploração *do* texto. Assim, é possível fazer todo o ensino fundamental sem saber da missa literária a metade. No entanto, se ao menos parte dos textos que o aluno leu foram de boa qualidade, e, melhor ainda, se a sua leitura foi significativa, chegou a mobilizar chaves interpretativas efetivamente literárias e deu alguma atenção ao fato estético, é possível sair desse processo de escolarização com simpatia pela literatura e algumas referências de leitura indispensáveis ao leitor literário.

Em contrapartida, no ensino médio a literatura resiste, desafiadora. E como *parte do currículo*. Portanto, não há como ignorá-la, nem como diluí-la em outros conteúdos, procedimentais ou conceituais. Na maioria das vezes, sua presença se dá por meio da leitura de fragmentos de obras consagradas e, principalmente, pelo ensino de história da literatura, de estilos de época e de noções de teoria literária. E, a julgar pelos conteúdos estampados pela grande maioria dos livros didáticos destinados a esse nível, quase sempre toma como foco a literatura brasileira, com uma modesta participação da portuguesa. Como se o aluno já conhecesse as outras; como se, mesmo no caso da literatura brasileira, tivesse lido, *enquanto tais*, os autores e as obras que a constituem e só precisasse organizar conceitualmente sua experiência; como se dominasse as *noções* a que, entretanto, não chegou a ser efetivamente apresentado.

Reportando-se a esse estado de coisas, o documento que explicita os princípios e critérios de avaliação das propostas de ensino de literatura em LDP de ensino médio, no contexto do PNLEM, o faz nos seguintes termos:

> O estudo sistemático da literatura no ensino médio vem-se mantendo quase que intocado, nas propostas que se podem observar nos livros mais conhecidos da área. Persiste, ainda, a tradicional concepção informativa de literatura, entendida como conjunto de conhecimentos histórico-culturais e estéticos que se supõem poder fazer a mediação entre o leitor e a obra. Nessa concepção, o contato entre essas instâncias fica subordinado a critérios de avaliação e mecanismos de acesso atrelados a preceitos nem sempre muito adequados à compreensão da obra, por conta de uma origem de caráter normativo ou excessivamente canônico, que acabam perturbando o efetivo trabalho do leitor.

Ainda hoje, ensinar literatura no ensino médio vem consistindo aproximadamente nos seguintes passos:

1) Ligar a literatura a uma suposta evolução cronológica. O que remete à necessidade de "começar pelo começo", exigindo do aluno a aproximação a padrões e usos linguísticos muito distantes de seus usos mais imediatos. A fruição dos textos originais, exigência básica do ensino da literatura, acaba prejudicada por esse distanciamento.
2) Fornecer um quadro da época, com os principais acontecimentos.
3) Informar sobre as tendências estéticas em vigor: as Escolas Literárias. Ou, ainda, arrolar as características da Escola a que pertence(m) o(s) autor(es) estudado(s).
4) Apresentar dados biográficos do autor.
5) Resumir a obra: se prosa: tema, personagens principais, enredo, espaço e tempo; se poesia: o conteúdo, as rimas, o ritmo, as imagens.

> Sem desconsiderar a pertinência da contextualização da obra, o fato é que as informações *sobre* a literatura se têm constituído como a totalidade do ensino da literatura no ensino médio. Assim, relega-se a um plano secundário a leitura efetiva do texto, substituindo-o por sua paráfrase ou comentário. [Brasil, 2004]

Partindo desse diagnóstico, o documento propõe a formação do leitor literário como o objetivo primordial do ensino de literatura. Estabelecem-se, então, dois compromissos inescapáveis, em torno dos quais deve-se organizar o ensino de literatura:

• garantir ao aluno uma efetiva *experiência de leitura* do texto literário;

• levar o leitor a defrontar-se com a radical *singularidade* do texto e, portanto, da escrita literária.

Não se trata de sonegar ao aluno as informações *sobre* a literatura, nem sua metalinguagem própria. Tampouco se trata de descartar a abordagem das obras e dos autores do cânone. Trata-se, sim, de situar o ensino da literatura no lugar que é o da própria literatura: o da experiência singular, da descoberta, do jogo estético. Nesse sentido, a experiência de leitura pressupõe a abertura e a disponibilidade do leitor para as possibilidades do texto literário, constituindo-se no que o documento citado qualifica como *exercício de liberdade*. Posso dizer, então, que meu esforço, neste texto, é o de entender um pouco melhor o que pode ser *a leitura como exercício de liberdade*, condição para a formação do leitor literário; e que relação esse exercício teria com a prática da leitura não literária, aquela que parece bem descrita pelas teorias da *proficiência em leitura*.

Proficiência em leitura?

Apesar do princípio da precedência da leitura do texto literário, em relação às informações sobre literatura, a proficiência em leitura de textos literários não aparece, declaradamente, como um dos objetivos do ensino médio, ou mesmo de qualquer outro nível de ensino. E, a meu ver, não deveria, mesmo, aparecer. Isso porque o termo *proficiência*, tal como empregado nesse contexto pedagógico, tem algumas implicações pragmáticas, às vezes até instrumentais, incompatíveis com o tipo de fato cultural que a literatura é e com o tipo de experiência que, em decorrência, pode proporcionar. Se não, vejamos.

Nas crenças teóricas da área, o *leitor proficiente* é aquele que tem objetivos definidos e sabe avaliar, em cada situação de leitura, se dispõe do tempo e dos recursos necessários para atingi-los. Sabe reconhecer o gênero em que se apresentam os textos que *precisa* ler – geralmente, textos relativos a esferas de atividades bastante diversas, com as quais está ou poderá estar envolvido. Assim, sabe fazer previsões acertadas e constrói progressivamente os quadros interpretativos que se impõem à compreensão. Ao identificar o tema, mobiliza conhecimentos prévios e percebe logo quais, dentre eles, são pertinentes para o processo de compreensão; domina tipologias textuais e é capaz até de perceber os diferentes jogos que um mesmo texto pode fazer com elas. Por fim, diante da escrita aparentemente muda, aprende a reconhecer as vozes que ali ecoam. E com tudo isso, se for também um pouco esperto e tiver motivos para tanto, aprende a ler nas entrelinhas e percebe os famosos vieses ideológicos.

Em contrapartida, o que busca o leitor de textos literários? A meu ver, nada. Ou, pelo menos, nada que ele saiba de antemão. Tem uma vaga esperança de que, no tempo de que não dispõe, possa entretanto ler algumas páginas. Às vezes, termina de ler o que não chega a saber se é um conto longo, um romance breve, uma novela arrastada ou um poema em prosa. Por isso mesmo, contenta-se com intuições e, se for dado a misticismos, premonições. Quando faz previsões, erra bastante; mas nem por isso perde o rumo ou se irrita; muito pelo contrário: diverte-se e, muitas vezes, se encanta com as descobertas que faz. E o tema? Às vezes, é até possível dizer: "a vida dos retirantes nordestinos". Mas é sempre possível duvidar das evidências, mesmo nesses casos, e considerar, por exemplo, que o tema de *Vidas secas* é a solidariedade e o inconformismo com as injustiças sociais. E, de vez em quando, sequer há tema. Afinal, de que falam as *Galáxias* de Haroldo de Campos? Ou, num caso aparentemente mais "palpável", *As cidades invisíveis* de Calvino, que, no entanto, são quase indizíveis? Quem seria capaz de reconhecer Brasília, nas crônicas que Clarice Lispector lhe consagrou, se o nome da cidade não viesse obsessivamente repetido no texto, desde o título? Conhecimentos prévios não são inúteis, mas podem ser falsos amigos. A *experiência* evocada é, certamente, melhor conselheira; mas também falha, porque já era, e esta, de agora, está sendo, com todas as suas incertezas. Por fim, as vozes que ecoam no texto têm timbre e textura, porque o corpo do autor... parece estar presente.

Estabelecido esse contraste, posso dizer com mais convicção que a leitura do texto literário abre para o leitor uma perspectiva única de leitura. Única porque, tal como a entendo, a liberdade de que falam os critérios do PNLEM parece constituir-se numa espécie de intransitividade da experiência e de opacidade do texto. Como não sei de antemão o que pretendo, nem o que posso esperar, não leio *para*; essa leitura deve valer por si, e não como meio de alcançar qualquer outra coisa. Talvez por isso mesmo, posso me pôr, disponível, *diante do texto*. O que significa dizer: sem antecipar a etapa posterior, sem visar o que está adiante. E aí, o texto surge em sua opacidade: nada se vê *através* dele. O que se vê... é ele mesmo, numa situação semelhante à do fecho de *Felicidade clandestina*: um leitor diante de seu texto.

Letramentos

A esta altura, podemos evocar a noção de letramento. Nessa perspectiva teórica, tem sido possível perceber um sem-número de diferentes aspectos envolvidos nas condições de produção, circulação e recepção de textos. Em especial, os estudos "aplicados", digamos, têm revelado melhor o impacto desses condicionantes materiais da escrita na constituição social de *funções* e *valores* a ela associados; e, particularmente, no surgimento de *modalidades de leitura*. Evidentemente, a formação do leitor, ou melhor, dos diferentes tipos de leitores (e também de não leitores), não é nem poderia ser indiferente a essa realidade. Por mais paradoxal que isso seja, penso que a intransitividade da leitura literária se constitui em meio à transitividade da experiência; e, em alguma medida, em oposição ao que haja de marcadamente pragmático nessa experiência, tal como um fotojornalista, que, no cumprimento de seu ofício, acabe flagrando não a notícia esperada, mas a poesia de uma imagem desinteressada.

Assim, podemos dizer que, como ferramenta e, mais que isso, como parte das condições materiais de letramento do aluno, o LDP deve organizar suas propostas de leitura *a partir* do reconhecimento não apenas da diversidade dos gêneros e tipos de textos que caracterizam a cultura letrada mas também dos diferentes tipos de letramento que os mobilizam e lhes atribuem funções e sentidos circunstanciais. De certa forma, é exatamente o *evento de letramento* de que gêneros e tipos de textos participem que os converte em *ocorrências*; momento, então, em que não mais se deixam assimilar integralmente a *tipos*. Esse lugar do evento, da ocorrência, é que me parece ser, então, o lugar em que as modalidades de leitura se distinguem, e em que pode se manifestar tanto a disponibilidade do leitor quanto a singularidade do texto.

De um modo geral, é possível dizer que a exploração de um texto não literário (ou um evento de letramento não literário) é adequada quando conduz o aluno a perceber, mais ou menos sucessivamente, os aspectos mais significativos do contexto de produção; o gênero envolvido; o tema central; a macroestrutura; os aspectos mais relevantes de sua realização na microestrutura etc. No entanto, acredito que o leitor de literatura deva situar-se, ao mesmo tempo, dentro e fora desse quadro. De um lado, boa parte do que a leitura de um texto não literário demanda se manifesta também na abordagem do texto literário. De outro, na medida em que o evento de letramento é outro, o movimento do leitor já não é o mesmo. E, de certa forma, é o inverso.

No primeiro caso, tudo se dá como se, a cada passo do processo, o texto fosse progressivamente *assimilado* e, portanto, *digerido*, incorporado ao que o leitor já sabe. Não por acaso, esses termos são, com frequência, utilizados como sinônimos de compreensão e interpretação. Na leitura do texto literário, entretanto, é possível, sim, reconhecer um esforço de assimilação, por parte do leitor. Mas o texto resiste e permanece desafiador, o que obriga o leitor a uma mudança subjetiva: já percebe que o que lhe interessa *naquele texto* não é algo a ser digerido ou assimilado, mas uma outra coisa. Para manter essas mesmas chaves metafóricas, digamos que, agora, o leitor quer *degustar* o texto quer mantê-lo como fonte inesgotável de... *estranhamentos*. Não interessa mais saber se Capitu traiu ou não Bentinho; interessa desfrutar de uma possibilidade única: manter-se perplexo, intrigar-se como se intrigam os filósofos diante do aparentemente óbvio, apreciar a arte e as artimanhas do autor, reconhecer uma verdade que está além dos fatos. De certa forma, trata-se do direito de, mesmo tendo "entendido tudo", ainda não saber, ainda interrogar-se.

No primeiro caso, texto lido é, via de regra, texto descartado; se o assimilei devidamente, e, mais ainda, se o documentei de forma adequada (resumo, fichamento etc.), dificilmente terei de retornar a ele. Já com o texto literário, existe sempre a possibilidade e mesmo a *necessidade* de reler, de tal forma que, estendendo um pouco o que Calvino (1994) afirma a respeito dos clássicos, no campo da literatura, toda releitura pode ser uma leitura de descoberta, como a primeira. E, inversamente, toda primeira leitura se aproxima de uma releitura, já que parte da mesma disponibilidade e abre-se para um mesmo campo de incertezas. É nesse caráter do texto literário que reside, em boa medida, a sua *singularidade*, ou seja, uma forma de produzir significações que não se deixa reduzir ao dado, ao já sabido.

As formas do LDP e o letramento literário: caminhos e ciladas

Considerando todas essas observações, podemos dizer que o desafio de um LDP será, então, o de formular uma proposta para o ensino/aprendizagem de literatura que:

- ofereça ao aluno, acima de tudo, a oportunidade de conviver com um conjunto significativo de textos representativos do que a sua cultura considera como literários;
- convide o aluno, por meio de uma abordagem adequada dos textos, a envolver-se em uma efetiva experiência de leitura;
- introduza as questões teóricas apenas quando elas se fazem oportunas para auxiliar o leitor em sua experiência pessoal e direta com a singularidade dos textos.

Em síntese, o LDP deve organizar-se no sentido de trabalhar com o que Lewis (1961/2003) chama de "literatura em ação", afastando o aluno, assim, "da abstração que é a literatura potencial" (p. 146). E por "literatura potencial" podemos entender, aqui, toda e qualquer referência à literatura que, mesmo mobilizando textos literários, prescinda do contato direto com a singularidade dos textos e, portanto, não se organize como um evento particular de letramento.

Entretanto, para produzir um LDP, no que diz respeito à proposta de ensino de literatura, é preciso fazer escolhas, num quadro que é, antes de tudo, o dos guias curriculares oficiais, dos próprios currículos escolares e das práticas pedagógicas que se oferecem como referências. Entre estas últimas, certamente estarão as que constituem a experiência direta do(s) autor(es). Trata-se, então, de encontrar os denominadores comuns possíveis, entre as recomendações oficiais, a experiência pessoal e a necessidade de permitir ao aluno um acesso possível à "literatura em ação".

Para a organização da obra, a primeira e decisiva escolha é a do gênero, se assim podemos dizer. Talvez simplificando um pouco, o autor de LDP tem à sua disposição dois modelos diversos: o do *manual* e o do *compêndio*. No primeiro caso, o livro é pensado como um roteiro de atividades, sequenciadas de acordo com a progressão prevista para o ensino/aprendizagem, em cada série e de uma para outra. E a organização interna de cada unidade procura reproduzir, o mais proximamente possível, a das práticas docentes visadas. As "unidades" dispõem-se, então, como aulas ou sequências de aulas. Já no caso do compêndio, reúnem-se, num único volume, materiais e atividades que sistematizam, de acordo com uma lógica inerente aos assuntos tratados, os principais conteúdos curriculares previstos para cada nível de ensino coberto pelo livro. A seleção e a sequência das matérias e das atividades ficam por conta do professor.

Ao que parece, os caminhos propostos pelo manual prestam-se bem a esse tratamento da literatura em ação.

Sua lógica é a da prática de sala de aula, o que favorece a proposta de atividades que envolvam a leitura e a exploração de textos como condição para o ensino/aprendizagem da literatura. Entretanto, as atividades não podem limitar-se a reproduzir o modelo da leitura proficiente. Será preciso, assim, explorar o aquém e o além da compreensão. Alunos e professores precisam ser seduzidos e convencidos, quase a cada passo, de que:

- vale a pena conviver com uma indeterminação inicial, um momento em que ainda não se sabe a que veio o texto que se lê;
- faz parte da experiência de leitura do texto literário, mesmo quando "madura", "bem-sucedida" etc., uma espécie de "certeza das dúvidas", ou seja, a firme convicção de que há mais de uma leitura possível para o mesmo texto.

Sem isso, dificilmente haverá disponibilidade para o que há de singular no texto, nem elaboração de leitura que supere o nível compreensivo, rumo à interpretação.

Já o compêndio, à primeira vista, aproxima-se perigosamente de uma cilada, quase se confundindo com ela. Como sua lógica é a da exposição sistemática da matéria, e não a da experiência sensível, corre o risco de fazer uma apresentação da literatura que, mesmo se de boa qualidade, não ultrapassa a "literatura potencial". Entretanto, o risco pode ser reduzido, ou mesmo eliminado, se:

- o compêndio incluir uma boa seleção de textos;
- o tratamento da matéria não só não descartar a apresentação dos textos a que se vinculam como também os explorar como parte da própria matéria;
- o livro do professor fizer sugestões oportunas e adequadas para a organização escolar das atividades de leitura.

Assim, um capítulo consagrado ao arcadismo, por exemplo, poderá ser compatível com a literatura em ação se tomar a apresentação e discussão de textos-chave de autores representativos como Gonzaga e Cláudio Manuel da Costa, por exemplo, como elemento central da exposição da matéria. E será ainda mais adequado se souber remeter alunos e professores à leitura das obras exploradas em sua integralidade.

A julgar pelos resultados da avaliação promovida pelo PNLEM 2004, ambos os formatos de LDP podem constituir-se em propostas que consideram a formação do leitor literário como a principal tarefa do ensino de literatura; e que oferecem, para o professor, subsídios adequados para a organização de eventos de letramento compatíveis com o exercício da liberdade. Sem querer tipificar em excesso, nem tampouco fazer um juízo de valor que se superponha seja à avaliação, seja ao julgamento dos professores do ensino médio, quero lembrar dois exemplos, ambos incluídos no *Catálogo* do PNLEM. Eles vêm descritos, nas resenhas, como inovadores; e ambos não só explicitam, no livro do professor, sua organização, seus pressupostos teórico-metodológicos e seu uso pretendido, como fazem sugestões de trabalho concretas.

Um deles, *Língua portuguesa* (TAKASAKI, 2004), organiza-se como *manual*. Integrado aos demais componentes, todo o trabalho proposto para literatura tem a leitura como ponto de partida. A farta seleção de textos, muitos deles integrais, é bastante criteriosa; e, em sua exploração, as aproximações com o universo do aluno e a realidade contemporânea são frequentes e bem realizadas. As atividades de compreensão levam o aluno a defrontar-se com a forma particular de construção de sentidos de cada texto, o que lhe permite perceber a escrita literária como forma de expressão. E não reduzem os textos a uma única interpretação: antes assinalam as possibilidades que se abrem. É num quadro como esse que, nos momentos oportunos, as noções teóricas e as informações históricas aparecem, integrando-se às experiências de leitura que as demandam.

Seguir os caminhos propostos por um manual como este, no entanto, envolve alguns percalços. Em especial, se fizer parte do projeto pedagógico da escola levar o aluno a construir um corpo articulado de conhecimentos históricos e teóricos sobre a literatura, o professor deverá encarregar-se de criar, em diferentes momentos do caminho, as instâncias necessárias. Caso contrário, corre-se o risco de as noções em tela aderirem demais aos casos concretos em que se apresentam, perdendo a generalidade e o caráter reflexivo que são as suas marcas distintivas. Tal como no livro aqui comentado, é preciso ter consciência desse perigo e prever algumas formas de minimizá-lo.

O outro livro, *Português: língua e cultura* (FARACO, 2003), é um *compêndio* de língua e literatura, numa perspectiva cultural explicitada já no título. Tal como no livro anterior, a leitura e a produção de textos constituem o eixo da proposta didática. Os conteúdos curriculares estão organizados em blocos de capítulos, a história da literatura concentrando-se em sete deles. Entretanto, a presença da literatura não se restringe ao bloco de história. Na verdade, dissemina-se por todo o livro e em particular, nos capítulos dos blocos de leitura e produção de textos, onde muitos deles vêm explorados tanto na perspectiva da compreensão e interpretação quanto na do apoio para exposições teóricas sobre linguagem figurada, eu-poético, "carpintaria verbal" etc. Por outro lado, mesmo no bloco especificamente literário, o texto aparece ora como ilustração, ora como instrumento para a apresentação e discussão de estilos de época e de outros aspectos da literatura como cultura.

Apesar dos cuidados evidentes, tomados pelo compêndio aqui comentado, o uso de livros desse tipo envolve riscos inversos ao do manual. A lógica dedutiva inerente à exposição sistemática pode dificultar a experiência e a descoberta; e a saudável exploração de textos como recurso para apresentar e discutir a matéria pode ser excessivamente dirigida.

De qualquer maneira, por melhores que sejam as soluções encontradas por manuais e compêndios, a atuação do professor em sala de aula permanece decisiva. Conforme sejam utilizados, podem ou surtir os efeitos que desejamos, ou funcionar no sentido de transformar o ensino da literatura na assimilação de um conjunto de noções não necessariamente articuladas entre si e na leitura de fragmentos esparsos com o objetivo de levar o aluno a reconhecer, neles, o que não chegou a conhecer. O que nos remete, portanto, à formação do professor e, por isso mesmo, ao lugar ocupado pela literatura nas políticas públicas para o ensino e na cultura do País.

Para finalizar essas considerações extemporâneas e mal alinhavadas, quero repetir que meu esforço, aqui, é o de tomar a leitura do texto literário como um convite e uma referência fundamental para repensarmos o ensino não só de literatura, mas de todo e qualquer tipo de leitura. Em primeiro lugar, porque o leitor pode – e talvez deva – reivindicar, diante da escrita, a mesma liberdade que o texto literário demanda, para poder viver mais criticamente as urgências práticas desse mesmo cotidiano. Mas, acima de tudo, porque aprendi, ouvindo uma palestra de Antônio Candido, na Biblioteca Municipal de São Paulo, em 1990, que a literatura e a experiência da leitura são um *direito* do cidadão. Assim, se algum dia a Declaração Universal dos Direitos Linguísticos (OLIVEIRA, 2003) ultrapassar o âmbito do idioma e se ocupar também dos usos da linguagem, tenho esperança de que reconheça este como um dos direitos linguísticos fundamentais: experienciar a literatura e a leitura. Com todas as implicações políticas, culturais e... escolares que isso implica.

Referências

AMOROSO, Maria Betânia. *Notas sobre o ensino de literatura*. São Paulo, mimeo., 2000.

BRASIL. MEC. Semtec. *Princípios e critérios de avaliação de livros didáticos destinados ao ensino médio*. Área: Língua Portuguesa. Brasília: MEC, 2004.

CALVINO, Ítalo. *Por que ler os clássicos?* São Paulo: Cia. das Letras, 1994.

FARACO, Carlos Alberto. *Português: língua e cultura.* Curitiba: Base Editora, 2003.

LEWIS, C. S. *A experiência de ler.* Porto: Elementos Sudoeste, 2003.

OLIVEIRA, Gilvan Muller de (Org.). *Declaração universal dos direitos lingüísticos: novas perspectivas em política lingüística.* Campinas: ALB/ Mercado de Letras; Florianópolis: IPOL, 2003.

RANGEL, Egon de Oliveira. Livro didático de língua portuguesa: o retorno do recalcado. In: DIONISIO, Ângela Paiva; BEZERRA, Maria Auxiliadora (Orgs.). *O livro didático de português: múltiplos olhares.* 2 ed. Rio de Janeiro: Lucerna, 2002.

RANGEL, Egon de Oliveira. Letramento literário e livro didático de língua portuguesa: "Os amores difíceis". In: PAIVA, Aparecida *et al.* (Orgs.). *Literatura e letramento: espaços, suportes e interfaces – o jogo do livro.* Belo Horizonte: Autêntica/Ceale/FaE/UFMG, 2003.

RANGEL, Egon de Oliveira (Coord.). *Catálogo do programa nacional do livro para o ensino médio (PNLEM/2005);* Língua Portuguesa. Brasília: MEC; SEMTEC; FNDE, 2004.

SOARES, Magda Becker. A escolarização da literatura infantil e juvenil. In: EVANGELISTA, Aracy Alves Martins *et al.* (Orgs.). *A escolarização da leitura literária: o jogo do livro infantil e juvenil.* Belo Horizonte, Autêntica/Ceale, 1999.

TAKASAKI, Heloísa Harue. *Língua portuguesa.* São Paulo: IBEP, 2004.

LITERATURA, HISTÓRIA, MEMÓRIA, FORMAÇÃO DE LEITORES

Capítulo 8

MEMÓRIA ENTRE ORALIDADE E ESCRITA

Regina Zilberman

Memória constitui, por definição, uma faculdade humana, encarregada de reter conhecimentos adquiridos previamente. Seu objeto é um "*antes*" experimentado pelo indivíduo, que o armazena em algum lugar do cérebro, recorrendo a ele quando necessário. Esse objeto pode ter valor sentimental, intelectual ou profissional, de modo que a memória pode remeter a uma lembrança ou recordação; mas não se limita a isso, porque compete àquela faculdade o acúmulo de um determinado saber, a que se recorre quando necessário.

Jean-Yves Tadié e Marc Tadié observam que a memória "faz o homem";[1] mais adiante complementam: "A memória é a função de nosso cérebro que constitui o elo entre o que percebemos do mundo exterior e o que criamos, o que fomos e o que somos, ela é indispensável ao pensamento e à personalidade".[2]

Fundamental para a constituição do indivíduo, pois, ainda na palavra dos Tadié, "permite que tenhamos uma identidade pessoal: é ela que faz a ligação entre toda a sucessão de eus que existiram desde nossa concepção até o momento pre-

---

[1] TADIÉ, Jean-Yves; TADIÉ, Marc. *Le sens de la mémoire*. Paris: Gallimard, 1999, p. 9.

[2] Idem, p. 68.

sente",[3] a memória foi prezada pelos pensadores antigos. No entanto, o advento da Psicanálise, com a relevância conferida por Sigmund Freud ao inconsciente, relegou-a a um segundo plano. A memória situa-se no âmbito do consciente, da vida diurna e da ação do Ego; não tem condições de interferir na atividade do sujeito, que dispõe de meios de controlá-la e impulsioná-la quando desejar. A memória, por natureza, remete ao passado, razão por que se associa à história. O inconsciente, não: enquanto pulsão primária, não tem história e manifesta-se quando quer, particularmente quando o sujeito não se encontra em estado de alerta.

Henri Bergson foi um dos últimos filósofos modernos a conferir papel relevante à memória enquanto faculdade individual. *Matéria e memória* é a obra que, em 1896, dedica ao assunto, época em que Freud começava a refletir sobre o sonho enquanto linguagem do inconsciente.[4] O pensador francês coloca-se na contramão da trajetória da ciência, porque suas ideias não chegaram a ter continuidade notável, enquanto que a Psicanálise, a favor de e contra Freud, prosperou desde então.

Também o mais prestigiado memorialista do século XX não acatou as ideias de Bergson, embora, às vezes, seus conceitos sejam confundidos, como se tratasse da mesma concepção. Com efeito, Marcel Proust, no romance *Em busca do tempo perdido*, sugere a noção de *"memória involuntária"*, experiência que se expressa tanto em *No caminho de Swan*, primeiro volume da obra, de 1913, quanto em *O tempo redescoberto*, o último, de publicação póstuma, em 1927.

Foi Walter Benjamin quem, em 1939, num dos estudos relativos a Baudelaire, destacou as diferenças entre Bergson e Proust, assim como a importância da noção elaborada

---

[3] Idem, p. 316.

[4] *A interpretação dos sonhos*, onde discute pela primeira vez, o papel do sonho enquanto expressão do inconsciente, data de 1900.

pelo novelista. O mesmo Benjamin preocupa-se ainda em estabelecer distinções entre o pensamento de Proust e o de Freud, valorizando o primeiro, não apenas porque é seu admirador, mas porque a concepção daquele coincide com seu enfoque filosófico.

Desde os primeiros escritos, a história constitui um dos temas de reflexão de Walter Benjamin, de que são exemplos, em torno à Primeira Guerra, os ensaios sobre a origem da linguagem, e, na década de 20, a pesquisa sobre o *Trauerspiel*, matéria de sua frustrada tese de livre-docência, bem como os artigos sobre brinquedos e livros infantis. É na década de 30, porém, que expressa sua preocupação com o apagamento da memória. "Experiência e pobreza", de 1933, anuncia um tema que lhe será caro: a perda da capacidade de narrar por efeito da guerra europeia. Benjamin chama essa experiência de "uma pobreza de todo nova", determinante de uma "nova barbárie", apesar do "enorme desenvolvimento da técnica".[5] Esse tema reaparece com grande intensidade no ensaio sobre o narrador, de 1936, em que retoma, na abertura, a sugestão de que a experiência traumática da guerra, entre 1914 e 1918, deixou por muito tempo os homens mudos, incapazes de se expressarem e, sobretudo, narrarem os acontecimentos vividos.

Aparentemente, Benjamin manifesta-se tardiamente a respeito, pois quase vinte anos separam o final da guerra e o ensaio sobre o narrador. Mas "Experiência e pobreza" parece responder, em 1933, à ascensão do nazismo na Alemanha, que o obrigou ao exílio na França e circular por vários países europeus, como Dinamarca, Espanha e Itália. E, em 1936, pareciam evidentes os sinais de que uma nova guerra aconteceria, tanto porque a Espanha passava por uma guerra civil, sendo a falange reacionária de Francisco Franco apoiada pela

---

[5] BENJAMIN, Walter. Experiência e pobreza. In: BENJAMIN, Walter. *Magia e técnica, arte e política*. São Paulo: Brasiliense, 1985, p. 168.

Alemanha, quanto porque Hitler já anunciava a eminência do Terceiro Reich. Benjamin está atento a esses sinais, que discute indiretamente em "O narrador. Considerações sobre a obra de Nikolai Leskov"[6] e diretamente em "A obra de arte da era de sua reprodutibilidade técnica",[7] do mesmo ano.

"O narrador" é, mais do que uma discussão sobre o conto do escritor russo lembrado no título do ensaio, um estudo sobre o papel da memória na construção da narrativa. O mote provém de "Experiência e pobreza": as pessoas contam o que experimentaram, o que se aloja em sua memória. Quando querem esquecer experiências negativas, ficam sem ter o que contar. O narrar, por sua vez, supõe a presença de ouvintes, e estes não são indivíduos isolados, mas o grupo: a narração só tem sentido se dirigida ao coletivo. Pela mesma razão, depende da oralidade: seus narradores modelares, o marinheiro e o agricultor, o primeiro recordando o que conheceu em outras terras, e o segundo, o que vivenciou proximamente, manifestam-se verbalmente para uma audiência visível e palpável, não para sujeitos distantes e seres anônimos.

Este é o universo da narrativa, que toma a forma do conto. Do outro lado, está o mundo do romance, produto de um indivíduo solitário que se dirige a um leitor não identificado, mas igualmente isolado de todos. Seu instrumento de comunicação não pode ser, pois, a oralidade, e sim a escrita, instrumento que acentua a separação e o isolamento.

Entende-se porque Walter Benjamin privilegia a memória, de que depende a capacidade de narrar e a que associa a oralidade. Supõe, pois, uma teoria da linguagem, matéria que atrai os cuidados do filósofo desde seus tempos de estudante.

---

[6] Cf. BENJAMIN, Walter. O narrador. Considerações sobre a obra de Nikolai Leskov. In: BENJAMIN, Walter. *Magia e técnica, arte e política*. São Paulo: Brasiliense, 1985.

[7] Cf. BENJAMIN, Walter. A obra de arte da era de sua reprodutibilidade técnica. In: BENJAMIN, Walter. *Magia e técnica, arte e política*. São Paulo: Brasiliense, 1985.

Em ensaio de 1916, Benjamin manifestou sua preocupação com o ângulo comunicativo da linguagem. Parte do pressuposto de que "cada expressão da vida mental humana pode ser entendida como um tipo de linguagem", de que modo a "linguagem, em tais situações, significa a tendência inerente [...] para a comunicação de significados mentais."[8] A linguagem constitui elemento presente em todos os eventos ou coisas, exprimindo o que chama de "entidades mentais".[9] Sendo comunicativa, a linguagem "comunica o ser mental correspondente a ela".[10] E completa: "é fundamental que este ser mental se comunique *na* linguagem e não através da linguagem."[11] Assim, Benjamin rejeita a ideia de que a linguagem, ainda que comunicativa, tenha função instrumental. Ela é essencial, na medida em que coincide com os objetos que nomeia.

Compete ao homem, "ser linguístico",[12] nomear as coisas. Este ato não é arbitrário, porque, ao fazê-lo, ele identifica o sentido de cada coisa, presente na "entidade mental" que se expressa. É o que, miticamente, faz Adão, conforme o relato do *Gênesis*, segundo o qual o primeiro homem localiza nas coisas o seu ser e confere-lhes o nome que o representa por inteiro. Essa nomeação original só pode dar-se no contexto paradisíaco vivenciado por Adão; a perda do paraíso coincidirá com a multiplicação das linguagens ou o "*overnaming*".[13]

Na década de 30, Benjamin retoma a questão, associando-a a um tema que lhe interessa particularmente – o que ele chama

---

[8] BENJAMIN, Walter. On Language as Such and on the Language of Man. In: *Select Writings*. Cambridge and London: The Belknap Press of Harvard University Press, 1996, v. 1, p. 62.

[9] Idem, p. 63.

[10] Idem, ibidem.

[11] Idem, ibidem.

[12] Idem, p. 64.

[13] Idem, p. 73.

de "faculdade mimética", título de um ensaio seu que se reproduz, quase literalmente, em "A doutrina das semelhanças".[14] O ponto de partida é a "capacidade suprema de produzir semelhanças" por parte do ser humano.[15] Quem pensar que Benjamin vai tomar o caminho de Aristóteles e justificar a natureza da arte poética, enganar-se-á; seu fito é refletir sobre a linguagem, cuja forma primordial é, segundo ele, dada pela onomatopeia. Escreve ele que a linguagem constitui

> a mais alta aplicação da faculdade mimética: um *medium* em que as antigas faculdades de reconhecer o semelhante penetraram tão completamente, que ela se converteu no *medium* em que as coisas se encontram e se relacionam entre si, não mais diretamente, como antes, no espírito do vidente ou do sacerdote, mas em suas essências, nas substâncias mais voláteis e delicadas, nos próprios aromas.[16]

O princípio da semelhança não se aplica apenas à linguagem oral; conforme Benjamin, a linguagem escrita, na origem, é similar à oral, fundando-se no mimetismo. Conforme expõe em "A faculdade mimética", a linguagem apresenta similaridade extrassensível entre o falado e o significado, entre o escrito e o significado e ainda entre o falado e o escrito:

> A linguagem pode ser vista como o mais alto nível de comportamento mimético e o arquivo mais completo de similaridade extrassensível: um meio para o qual os antigos poderes de produção e compreensão mimética passaram sem resíduo, até o ponto em que eles liquidaram com os da magia.[17]

---

[14] Cf. RABINBACH, Anton. Introduction to Walter Benjamin's 'Doctrine of the Similar'. *New German Critique*. University of Wisconsin-Milwaukee, 17: 60-64. Spring 1979. O tema aparece ainda em "O problema da sociologia da linguagem", de 1935. Cf. BENJAMIN, Walter. *Iluminaciones 1*. Madrid: Taurus, 1971.

[15] BENJAMIN, Walter. Doctrine of the Similar. *New German Critique*. University of Wisconsin-Milwaukee, 17, p. 65-69. Spring, 1979, p. 65.

[16] Idem, p. 68.

[17] BENJAMIN, Walter. *One-Way Street and Other Writings*. London: NLB, 1979, p. 163.

O problema é que, conforme diz em "A faculdade mimética", verifica-se a decadência crescente dessa habilidade: "o mundo do homem moderno contém apenas resíduos mínimos das correspondências mágicas e analogias que eram familiares aos povos antigos".[18]

Na linguagem, e em especial na oralidade, desembocam as preocupações de Walter Benjamin. O ato de nomeação extrai a natureza das coisas, fazendo com que a palavra as imite, podendo passar por elas. Ao mesmo tempo em que o substantivo manifesta, por mimetismo, o ser do objeto que expressa, pode substituí-lo. Palavras e coisas se identificam, conforme um sentimento mágico de que são exemplos algumas religiões, conforme as quais se proíbe o uso de determinados vocábulos para não atrair a atenção de seus portadores.

A oralidade é o modo mais notório da relação entre o nome e a coisa, mas a escrita, originalmente, não tem como objetivo romper essa unidade. A oralidade é igualmente expressão mais credenciada da memória, conforme o estudo sobre o narrador, aproximando não apenas as palavras e os seres mas também as pessoas, falantes e ouvintes.

A modernidade se caracteriza pelo rompimento da unidade primitiva, nostalgicamente recuperada por Benjamin. É igualmente o tempo da escrita individual e do isolamento do leitor, apontando para a dissociação, irrecuperável, entre a dicção e a redação, que o pensador diagnostica e lamenta.

Entende-se por que Benjamin prefere valorizar a memória, em detrimento do inconsciente, valendo-se da realização literária alcançada por Marcel Proust, que lida com o que chama de *"memória involuntária"*. Esta, fundada na suspensão da consciência e na abolição da temporalidade, enquanto fluxo cronológico, faculta o retorno do tempo, a apreensão do passado, a recuperação dos momentos primordiais. Constitui experiência absolutamente pessoal, tal como a regressão aos momentos traumáticos, possibilitada pela terapia psicanalítica;

---

[18] Idem, p. 161.

mas as experiências recobradas pela memória involuntária não são necessariamente penosas, basta que tenham sido decisivas para o sujeito que as vivencia.

Benjamin está interessado em diagnosticar o mal do século, caracterizado pela perda da experiência, que obstrui a linguagem e cala o homem. Baudelaire recupera essa capacidade pelo que Benjamin chama de "experiência do *choc*",[19] e Proust, de memória involuntária. Nestes casos, trata-se de valorizar a memória, com a consequente expressão linguística que está na base da comunicação.

Seu fundamento é o tripé experiência-memória-oralidade. A escrita vem depois, mas, para se adequar ao projeto benjaminiano, não pode perder a natureza mimética, comprovada historicamente, se lembramos que os primeiros alfabetos, como os dos sumérios, por exemplo, tinham pendor ideográfico, como é, até o presente, o dos chineses. O Ocidente estilizou a escrita, tornando-a crescentemente convencional, assim como o significado dos signos, entendido pela Linguística como arbitrário.[20] O processo, deplorado por Benjamin, separou memória e linguagem, colocando-se a escrita como divisor entre as duas e sublinhador das diferenças.

É conhecido o trecho em que, no *Fedro*, Platão se insurge contra a invenção da escrita, atribuindo-lhe como consequência o desaparecimento da memória. Nas palavras de Tamuz, personagem citado por Sócrates no decorrer do diálogo, a escrita "tornará os homens esquecidos, pois deixarão de cultivar a memória; confiando apenas nos livros escritos, só se lembrarão de um assunto exteriormente e por meio de sinais, e não em si mesmos."[21]

---

[19] BENJAMIN, Walter. Sobre alguns motivos em Baudelaire. In: BENJAMIN, Walter; HORKHEIMER, Max; ADORNO, Theodor W.; HABERMAS, Jürgen. *Textos escolhidos*. São Paulo: Abril Cultural, 1975, p. 40.

[20] Cf. SAUSSURE, Ferdinand de. *Cours de linguistique générale*. Paris: Payot, 1972.

[21] PLATÃO. Fedro. In: PLATÃO. Fedro. *Diálogos*. Trad. de Jorge Paleikat. Rio de Janeiro: Tecnoprint, 1966, v. 1, p. 262.

Platão ilustra a situação naquele diálogo, em cena anterior à narração do mito da origem da escrita. No começo da trama, Sócrates encontra Fedro, que acabou de ouvir o discurso de Lísias e está entusiasmado com seu conteúdo. Sócrates manifesta-se de forma irônica, dizendo que Fedro não apenas ouviu o discurso, mas também o leu e ainda o decorou. Fedro quer repetir o texto decorado, mas Sócrates, que flagra o companheiro com a cópia do texto escondida entre suas vestes, pede-lhe que leia a fala de Lísias.

Fedro é, desde logo, vítima não apenas da retórica envolvente de Lísias, mas também dos novos mecanismos de reprodução da oralidade. Ele traz o texto consigo, decora-o e pode reproduzi-lo fielmente.[22] Corresponde literalmente ao tipo que, conforme Platão, recorre à *"recordação"*, em vez de se valer de sua memória, portanto, que não procede à reminiscência, processo mnemônico que fundamenta a teoria platônica do conhecimento, igualmente mencionada em *Fedro*.

A escrita é criminalizada por afastar os homens do conhecimento, transmitindo-lhes "uma aparência de sabedoria, e não a verdade, pois eles recebem muitas informações sem instrução e se consideram homens de grande saber embora sejam ignorantes na maior parte dos assuntos."[23] Tal como Benjamin, Platão aposta na importância da veiculação oral, razão por que elege o diálogo a forma literária adequada para explicitar seu pensamento.

O diálogo ocupa, no sistema de Platão, o lugar que a narração oral desempenha na concepção de Walter Benjamin. Só que o pensador grego está mais próximo da situação em que ele era empregado na aprendizagem do que Benjamin do contexto em que se utilizavam as narrativas orais, conforme descritas no ensaio sobre o conto de Leskov.

---

[22] Cf. PLATÃO. *Fedro*, p. 198.

[23] Ibidem.

Com efeito, Platão participava de uma cultura onde a oralidade continuava desempenhando papel fundamental, enquanto Benjamin idealiza o mundo dos narradores populares e anônimos, que correspondessem às duas figuras básicas que elege, a do marinheiro que provém de terras distantes, e a do camponês, que relata ao final do dia de trabalho as experiências que vivenciou proximamente. A cultura da oralidade, por sua vez, aparecia por meio dos discursos pronunciados em praça pública, como o de Lísias, ou nas salas de aula, onde se aprendia retórica, explicando por que a escola enquanto instituição aparece ainda no século V a.C.

A cultura da oralidade difundia-se, contudo, também por causa da poesia, cuja transmissão dava-se de viva voz, fator determinante de suas principais características.

A voz constitui o suporte por excelência da poesia quando de suas primeiras manifestações. É ela que lhe confere materialidade, até ser substituída pela – ou ceder espaço à – escrita. Paul Zumthor destaca a importância daquele suporte, ressaltando que "a 'oralidade' é uma abstração; somente a *voz* é concreta".[24] Por isso, afirma: "à palavra *oralidade* prefiro *vocalidade*".[25]

O mesmo autor propõe uma tipologia da oralidade, chamando a atenção para seu primeiro estágio, o de "uma oralidade *primária* e imediata, ou *pura*, sem contato com a 'escrita': esta última palavra, eu a entendo como todo sistema visual de simbolização exatamente codificada e traduzível em língua".

Segue-se àquela

> uma oralidade coexistente com a escrita e que, segundo esta coexistência, pode funcionar de dois modos: seja como

---

[24] ZUMTHOR, Paul. *A letra e a voz. A 'literatura' medieval*. Tradução de Amálio Pinheiro e Jerusa Pires Ferreira. São Paulo: Cia. das Letras, 1993, p. 9. Grifo do Autor.

[25] Idem, p. 21. Grifo do Autor.

oralidade *mista*, quando a influência da escrita aí continua externa, parcial ou retardada (como atualmente nas massas analfabetas do terceiro mundo); seja como oralidade *segunda*, que se (re)compõe a partir da escrita e no interior de um meio em que esta predomina sobre os valores da voz na prática e no imaginário; invertendo o ponto de vista, diríamos que a oralidade mista procede da existência de uma cultura *escrita* (no sentido de 'possuindo uma escrita'); a oralidade segunda, de uma cultura *letrada* (na qual toda expressão é marcada pela presença da escrita)".

A terceira modalidade corresponde a "uma oralidade mecanicamente *mediatizada*, logo diferenciada no tempo e/ou no espaço".[26]

O mundo de Platão equivaleria, de certo modo, ao da oralidade *mista*, rejeitada pelo pensador, por perceber a lenta, e depois irreversível, introdução do mundo da escrita, revelando, conforme uma nostalgia não muito explícita, a aspiração de um retorno à antiga situação. Havelock Ellis apoia no desejo de retomar a velha cultura oral grega, em que se formaram os poemas épicos, a justificativa para a atitude de Platão, que, na *República*, chega a recusar espaço para os poetas em sua cidade ideal.[27] A hipótese não é inverossímil e encontra guarida na composição de, pelo menos, um dos poemas épicos, a *Odisseia*, de Homero.

A *Odisseia* encena, na rapsódia VIII, seu modo de produção e difusão. Trata-se do episódio em que Ulisses, na corte dos feácios, é recepcionado com um banquete, e Demódoco, um rapsodo, narra a tomada de Troia graças ao estratagema do cavalo de madeira. Ulisses protagonizara essa ação, de

---

[26] ZUMTHOR, Paul. *Introdução à poesia oral*. Tradução de Jerusa Pires Ferreira, Maria Lúcia Diniz Pochat, Maria Inés de Almeida. São Paulo: Hucitec; EDUC, 1997, p. 37. Cf. ainda ZUMTHOR, Paul. *A letra e a voz. A "literatura' medieval*. p. 18.

[27] Cf. HAVELOCK, Eric A. *Preface to Plato*. 2. ed. Cambridge and London: The Belknap Press of Harvard University Press, 1982.

modo que ele ouve, na voz de outro, o evento em que fora bem-sucedido, a ponto de garantir a vitória dos gregos sobre os inimigos, até então protegidos em sua cidadela inexpugnável. O herói da *Odisseia* comove-se com a narração da proeza e chora, revelando à audiência sua identidade, até então encoberta. De posse de um nome e uma biografia, põe-se ele mesmo a narrar, a partir da rapsódia IX, dando conta dos incidentes vividos por ele e que mediaram a partida de Troia até a chegada à terra dos feácios.

Pode-se reconhecer na atitude de Ulisses a concretização da situação idealizada por Benjamin: ele navegou por terras distantes e diversas, com costumes que seu público desconhece; além disso, enfrentou dificuldades, como o aprisionamento pelo ciclope Polifemo, seduziu mulheres divinizadas, como a ninfa Circe e a deusa Calipso, e procede a ações sobre-humanas, como a descida aos infernos, de modo que suas histórias atraem o interesse da audiência, incapaz de interrompê-lo ou interrogá-lo. Corresponde, assim, à figura do marinheiro, embora seja, originalmente, um herói sedentário, na qualidade de rei da Ítaca.

A cena, porém, representa, com propriedade, a situação em que os cantos eram elaborados. Florence Dupont, em *L'invention de la littérature*, destaca que, originalmente, a poesia dos grupos étnicos localizados na Grécia, que circulava oralmente, era enunciada em banquetes, com intuito celebratório. Os poemas, que posteriormente vieram a constituir, por exemplo, a *Odisseia*, eram expressos pela voz dos participantes desses banquetes, somando-se neles a oralidade e a festividade. Assim, a epopeia homérica "estava inteiramente ao lado da oralidade, no sentido de que um canto do aedo era sempre uma recomposição improvisada no seio mesmo de um banquete".[28]

---

[28] DUPONT, Florence. *L'invention de la littérature*. De l'ivresse grecque au text latin. Paris: La Découverte, 1998, p. 9-10.

A apresentação oral presume a memorização dos episódios e dos versos que os exprimem. O narrador aparece, outra vez, na condição de guardião da memória, tarefa que exerce enquanto poeta e que aparece como superior à autoria. Esta pode ser anônima e/ou coletiva, mas o narrador detém uma identidade e uma profissão, que a *Odisseia* tematiza na rapsódia VIII.

As epopeias relatadas nos banquetes, ouvidas pelos convidados de Alcinoo e pelo próprio Ulisses, ele, depois, colocando-se na posição do narrador, se se pareciam à cena revelada pelo poema, certamente diferiam da *Odisseia* na forma como a conhecemos. Esta se compõe de um conjunto diferente de narrativas, cuja unidade fica garantida pela presença e pelas ações de Ulisses. Mas, a cada momento, uma personagem relata um incidente distinto, suscitado pela ocasião experimentada por ela e por seu ouvinte. Assim, pode-se imaginar que um rapsodo, como o Demódoco da *Odisseia*, dispusesse de um repertório de narrativas que ele relataria ao público, em resposta às disposições desse. Ao mesmo tempo, enquanto indivíduo experiente, como Ulisses, na cena do banquete, mas também em outras ocasiões, como ocorre nas diferentes etapas de sua volta ao lar, ou como Nestor ou Menelau, que contam a Telêmaco a aventura de seus próprios e de outros retornos, estaria habilitado a narrar, comunicando, de preferência, sua visão pessoal dos acontecimentos.

A *Odisseia* que conhecemos é a soma de tudo isso, conforme uma ordem estabelecida *a posteriori* numa cultura letrada. Observa Françoise Dupont:

> O texto que possuímos não é a transcrição de uma performance real, mas uma montagem de várias performances aédicas, destinada a fornecer um texto escrito para as recitações solenes.[29]

Esse processo se deu quando os cantos épicos, de circulação oral, foram transformados num "enunciado único, fixo

---

[29] Idem, p. 10.

e definitivo, isto é, sob a forma de um texto, sem perder sua razão de ser".[30]

Françoise Dupont procura reconstituir como se deu a passagem. Observa que a *Ilíada* e *Odisseia* correspondem a três realidades diferentes: o primeiro constituía "*um canto ritual de possessão,* inapreensível pela escrita"; sobreveio depois "a recitação solene em Atenas de dois textos fixados pela escrita"; por último, emergiu "um livro fechado no fundo do palácio dos Ptolomeus".[31] A passagem dependeu, pois, da institucionalização das epopeias, de um lado; de outro, da introdução da escrita e, sobretudo, da eleição desse suporte como o meio mais adequado à conservação das narrativas que, após o século VI a.C., começavam a responder pela identidade helênica.

Dupont vê esse processo acontecendo por meio da transfiguração por que passa a figura de Homero:

> Homero foi sem dúvida primeiramente, na ilha de Quios, o herói cultural de um colégio de sacerdotes das musas, um nome emblemático "do que reúne", duplo semântico de um epíteto das musas, *artipeiai*, "que reúne as palavras". A seguir, os homéridas, isto é, uma escola de rapsodos, fizeram de Homero seu ancestral mítico, o inventor da epopéia "homérica" que cantava a guerra de Tróia e o retorno dos aqueus vencedores. Enfim, Homero tornou-se o autor da *Ilíada* e da *Odisséia*, e colocamo-nos a dizer "Homero" para designar os dois poemas. Estes poemas foram finalmente fixados pela escrita sob a intervenção de um tirano de Atenas que se tornou assim proprietário de Homero.[32]

A etapa final dá-se em Alexandria, na biblioteca fundada por Ptolomeu, herdeiro do general grego que participou da expansão macedônica liderada por Alexandre. Faraó no Egito, desejou perpetuar-se numa pirâmide de outra natureza,

---

[30] Idem, p. 9.

[31] Idem, p. 11.

[32] Idem, p. 78.

congregando nela todo o material até então produzido pela arte da palavra. Com a ajuda do orador Demétrio, a quem autoriza a coleta de todos os livros existentes no mundo então habitado, oriundos de poetas, prosadores, retóricos, sofistas, historiadores, chega a reunir aproximadamente 500 mil volumes, correspondendo, cada um deles, a um rolo de 25 cm de altura por 7 a 10 m de comprimento. Inventa-se, na expressão de Françoise Dupont, a "cultura do livro",[33] cujo modo de operar ela descreve:

> Uma tal biblioteca, para ser útil, supunha um sistema de classificação: os bibliotecários se lançam na redação de catálogos e elaboram um saber bibliográfico. As obras são reagrupadas por "gênero" e atribuídas a um autor. Os autores formam listas cronológicas em que eles se sucedem em tipos de genealogias de mestre a aluno; a cada um deles é atribuída uma biografia. Cada obra deve consistir um texto único, daí uma intensa atividade de edição para unificar as diferentes versões: corta-se, corrige-se, desloca-se; cada obra deve também obedecer a certas regras definindo sua textualidade, ela deve ser coerente, não pode se repetir.

A questão é chegar ao texto único, passando por cima das versões e dos modos particulares com que os relatos circulavam nos distintos grupos. Christian Jacob destaca o esforço dos bibliotecários à procura da "literalidade dos textos":

> Através desse novo olhar dirigido pelos bibliotecários para a literalidade dos textos, vemos se desenvolver uma hierarquia implícita de níveis: *o autor e a obra* (a *Ilíada* de Homero); *o livro* (objeto material, composto de vários rolos de papiro, existente em vários exemplares, cuja proveniência e proprietários anteriores eventualmente se conhecem); *o texto* (sucessão de microproblemas, de corrupções locais, de deslocamentos, de acréscimos e desaparecimentos de palavras ou frases, de dificuldades a serem interpretadas).[34]

---

[33] Idem, p. 114.

[34] JACOB, Christian. Ler para escrever: navegações alexandrinas. In: BARATIN, Marc; JACOB, Christian. *O poder das bibliotecas. A memória dos livros no Ocidente*. Rio de Janeiro: Editora UFRJ, 2000, p. 61.

Prossegue o pesquisador:

> A decisão final – incorporar ou excluir um verso, deslocá-lo no corpo do texto – cabia ao leitor, que podia ou não aceitar a proposta do editor. Esse leitor era, ele próprio, um profissional da filologia homérica, ou mesmo um editor potencial, e não o "grande público", nem mesmo o público letrado que, como testemunham os papiros contemporâneos, ainda lia Homero através das formas pré-alexandrinas de seu texto.[35]

A memória muda de lugar: deixa de se situar na subjetividade do locutor, para se colocar na objetividade do texto, a que, portanto, cabia conservar. A autoridade do texto suplanta a de seu produtor, e este fica, de um lado, obscurecido enquanto identidade, e de outro, idealizado enquanto criador.

A escrita toma o lugar da voz, e consolida-se o objeto onde ela repousa – o livro, sacralizado enquanto depósito do texto. Esse, acima daquele, por se tratar de entidade que transita entre diferentes leitores, desde que os últimos não intervenham no processo, depois de que seus antepassados especializados fixaram sua natureza e conteúdo.

O mundo de Ulisses, assim como o de Demódoco, era outro, já que suas narrativas são relatadas de viva voz e conforme o interesse e a situação do ouvinte. Mas Ulisses não é um narrador profissional, e sim um indivíduo em busca do caminho de casa, que ele não deseja esquecer. Como os heróis de Platão, ele precisa regredir ao passado, recordar e então encontrar sua trilha.

Tanto Italo Calvino[36] quanto Harald Weirich[37] acentuam que a *Odisseia* constitui a luta contra o olvido: o herói não pode esquecer sua história pessoal, enquanto rei da Ítaca,

---

[35] Idem, p. 63.

[36] Cf. CALVINO, Italo. As Odisséias na Odisséia. In: CALVINO, Italo. *Por que ler os clássicos*. São Paulo: Companhia das Letras, 1993.

[37] WEINRICH, Harald. *Lete. Arte e crítica do esquecimento*. Trad. Lya Luft. Rio de Janeiro: Civilização Brasileira, 2001.

chefe de família, pai e amante; e também não pode sair da lembrança dos seus, razão por que a obra refere-se aos sinais – a cicatriz, o arco etc. – que garantem a permanência de Ulisses na memória de todos. Contudo, mais importante é a própria trajetória percorrida pelo protagonista, que tem de buscar as origens: o caminho de casa, que passa pela descida aos infernos, onde encontra as sombras dos ex-companheiros da guerra de Troia, especialmente Agamemnon, assassinado, ao pôr os pés em casa, pela mão de sua esposa, a adúltera Clitemnestra, com a cumplicidade do amante, Egisto. Encontra ainda sua mãe, Anticleia, provocando a comoção do herói, e Tirésias, que profetiza seu retorno e alerta para as precauções a tomar.

O percurso de Odisseu supõe um retorno às profundezas da terra, a visita ao reino noturno da morte e sua ascensão, à luz de sua ilha, a Ítaca, onde se localizam as origens do herói. Podem-se reconhecer aí, de modo narrativo, dois temas fundamentais do pensamento de Platão: a reminiscência enquanto metodologia do processo de conhecimento; e o mito da caverna, matéria do livro VII da *República*, narrativa que serve de explicitação do modo como um indivíduo passa do mundo das sombras – o da *doxa* ou opinião – para o do saber, que o faz um homem superior.

As façanhas de Ulisses, na busca de reencontrar o caminho de casa, lidas sob a ótica do pensamento platônico, convertem-se em alegorias que concretizam a filosofia do autor da *República* e de *Fedro*. No centro delas, situa-se a memória, a mesma de que dependem os narradores – profissionais, como Demódoco, ou amadores, como o próprio Odisseu – para apresentarem suas histórias, protagonizadas por eles mesmos ou por outros.

Entende-se em que medida Walter Benjamin, em "O narrador", enfatiza o papel da narrativa enquanto responsável pela preservação da memória. O pensador germânico preocupava-se com a memória coletiva, mas não descarta a questão individual, já que começa seu ensaio destacando a dificuldade dos indivíduos que passaram pela guerra – a que começara em 1914 e encerrara em 1918 – em relatar suas experiências. Ao arquétipo do viajante, que retorna de aventuras distantes e deseja contá-las ao grupo de onde partiu, Benjamin contrapõe a situação do soldado mudo, calado pelos horrores que vivenciou nas trincheiras europeias.

A narrativa constitui, pois, o espaço em que a memória se manifesta, tomando toda recordação a forma de um relato retrospectivo. Representa a fonte do contar, logo, a origem da narração, exposição primitivamente oral de um sujeito para um grupo de ouvintes, com o qual compartilha interesses e expectativas. Ulisses ocupa o lugar do paradigma, a partir do qual filósofos distantes no tempo e no espaço, como Platão e Walter Benjamin, refletem. Mas converte-se, ele mesmo, num profissional, metamorfoseando-se no rapsodo que se dirige aos ouvintes, esperando captar sua simpatia por referir-se a episódios com os quais aqueles guardam afinidade.

O quadro apresentado por Homero está marcado pela oralidade: todos os narradores manifestam-se verbalmente à sua audiência, esteja constituída por muitos ouvintes – os convidados ao banquete de Alcinoo, rei dos feácios, que aplaudem primeiramente Demódoco, depois Ulisses – ou por apenas um único destinatário, como foram Telêmaco, que procurou Nestor e, depois, Menelau, e Penélope, a quem o marido, após a vitória sobre os pretendentes, relata os acontecimentos experimentados durante os vinte anos de ausência.

A oralidade foi igualmente o modo de transmissão das epopeias originais, de maneira que a audiência histórica não devia se diferenciar substancialmente da audiência fictícia, representada no poema. Essa situação, porém, foi transformada a ponto de não mais poder ser recuperada, já que a permanência do poema dependeu, de uma parte, de ter sido ele transferido para suportes capazes de acolher a escrita, e de outra, de ter-lhe sido conferida uma forma final e acabada, transmitida ao longo dos séculos.

A passagem do oral para o escrito não representou tão somente a mudança de lugar do suporte, deixando de ser a voz e os instrumentos do aedo, para a objetividade e anonimato do papel. Evidencia-se uma primeira transformação: a forma passa a apresentar-se como inalterável, suplantando e descartando as subjetividades que participariam da produção do poema, como a do cantor, que, originalmente, teria condições de orientar a narrativa para o tipo de acolhimento desejado pelo auditório.

A segunda diz respeito à natureza da memória: esta deixa de se relacionar à narrativa, enquanto sua expressão mais credenciada, transferindo-se para o suporte que a transmite. Com efeito, a garantia da memória será conferida doravante pelo fato de que seu objeto – o texto – se encontra numa matéria que preserva seu conteúdo. A escrita passa a deter essa função, não, porém, enquanto escrita, já que não existe fora do objeto onde se expressa, e sim enquanto registro num dado material (papiro, pergaminho, papel, pedra, vinil, disco magnético, película fotográfica, arquivo digital), capaz de receber e conservar a inscrição de um texto.

A equação, de certo modo, inverte-se: se, originalmente, a narrativa sustentava a memória por oferecer-lhe um espaço de manifestação, agora é o papel – ou seus precursores e sucessores – que lhe afiança a legitimidade. Valida-se tão somente o que está depositado na forma escrita, registrado em alguma entidade material, constituindo este em documento que abona o fato narrado. Acontecimentos não traduzidos pela escrita e transformados em documento não são considerados evidências, como se não tivessem existido. Nasce a História enquanto gênero do discurso fundado na coleta e arranjo desses documentos, adonando-se da memória de um indivíduo, de um grupo ou de uma coletividade, e passando a responder por ela.

A história da História acompanha esse processo: Heródoto, a quem se atribui a paternidade do gênero, narrou episódios que ouviu, conhecimento obtido a partir de suas viagens pelo mundo civilizado de seu tempo. Tucídites, que o sucede, antecipa outra metodologia; ainda que não tenha podido evitar a transcrição de falas, como o famoso discurso de Péricles, na Atenas do século V a.C., vai em busca de fontes mais confiáveis e acredita sobretudo em seu próprio testemunho, supondo, assim, chegar a um resultado mais próximo dos acontecimentos efetivamente ocorridos.

É na Idade Média, porém, que a História sela definitivamente seu compromisso com a escrita. Conforme adverte Benjamin, no já citado ensaio sobre o narrador, aquele gênero não possui precedentes fora da escrita. Suas primeiras manifestações – os anais e as crônicas – adotaram, desde o começo, a escrita como veículo, assegurando, com isso, maior confiabilidade e distanciamento em relação aos sujeitos que constituem matéria de narração.

A história enquanto narração transforma-se em sinônimo da memória, compondo com a escrita, e seus suportes, uma aliança tão completa, que se converte em exemplo para as demais manifestações verbais. Não por outra razão, Walter Benjamin assinala que, na crônica histórica, e não no conto, está a origem do romance, dado o caráter de manifestação exclusivamente da escrita, compartilhado pelos dois gêneros.

Essa é, porém, outra trajetória, em que a voz não tem mais lugar.

Capítulo 9

"É DE MENINO QUE SE TORCE O PEPINO": ANTOLOGIA E FORMAÇÃO DO LEITOR

Ivete Walty

Para Ivone Lara, professora da 1ª e 4ª séries
primárias, que me iniciou nas letras.

Mantive guardada entre meus livros uma antologia de textos, sobretudo literários, em que estudei quando, em 1958, cursava a quarta série primária, hoje correspondente à quarta série do ensino fundamental. Trata-se do livro de Vicente Peixoto, *Coração infantil,* que, por essa ocasião, estava na 22ª edição. Uma consulta ao *site Memória da cartilha* nos informa que os livros do referido antologista começam a ser publicados nos anos de 1940 e se mantêm em uso até a década de 60.

Além da relação afetiva que explica a manutenção de um livro com papel amarelado pelo tempo, sem utilidade aparente para meus estudos posteriores, impõe-se uma relação profissional com esse conjunto de textos a instigar meu olhar crítico e analítico. Assim, busco, com o estudo da mencionada coletânea, delinear, pela escolha de autores e textos, bem como pelo jogo enunciativo aí implícito, concepções de língua e literatura em sua relação com configurações de pátria, no contexto da educação brasileira.

Nesse processo de escolha, marcado por um cânone originário de um sistema de valores, podem ser detectadas relações de poder, a serem analisadas em vários níveis de minha reflexão, impondo-se pela circulação de textos escolhidos por um autor para formar leitores/cidadãos. O dito popular escolhido para figurar no título do artigo, "É de menino que se torce o pepino", contém valores que se equiparam ao do propósito da antologia, cujo autor considera, com Friedrich Friedrich, que o coração infantil é "gesso, em que ficam todas as impressões boas ou más". Assim, a coletânea lista como um de seus objetivos "incutir, no espírito e no coração das crianças, o amor à escola, à família, à Pátria, o respeito aos mestres, aos pais e aos semelhantes e o culto às nossas tradições e nossas coisas [...]". Para tanto, faz-se necessário escolher textos que despertem o "gosto pela leitura de boas e belas páginas, escritas pelos nossos melhores cultores da literatura didática infantil" para "despertar neles a vontade de, imitando esses autores e impressionados pelos seus magníficos trabalhos, poderem redigir também coisas bonitas, agradáveis, úteis".

Antes de apresentar a análise dos textos escolhidos, cumpre-me deter um pouco mais no prefácio, tomado como elemento esclarecedor do texto maior, resultante da escolha de outros textos. Em primeiro lugar, vale observar o uso da palavra "impressionados" na passagem acima, para discutir sentidos vários do verbo "impressionar" e seu correlato "imprimir", atentando para o denominador comum "deixar marcas". Não é sem razão que, em sua teoria sobre o arquivo, Derrida (2001) utiliza-se da analogia que Freud estabelece entre o aparelho perceptual da mente e o bloco mágico, assim descrito:

> O Bloco Mágico é uma prancha de resina ou cera castanha-
> -escura (sic) com uma borda de papel; sobre a prancha está
> colocada uma folha fina e transparente, da qual a extremidade
> superior se encontra firmemente presa à prancha e a inferior
> repousa sobre ele sem estar nela fixada. Essa folha transparente
> constitui a parte mais interessante do pequeno dispositivo. Ela
> própria consiste em duas camadas, capazes de ser desligadas
> uma da outra salvo em suas duas extremidades. A camada
> superior é um pedaço transparente de celulóide; a inferior é

feita de papel encerado fino e transparente. Quando o aparelho não está em uso, a superfície inferior do papel encerado adere ligeiramente à superfície superior da prancha de cera. (FREUD, 1976, p. 287)

Freud continua a descrição, mostrando como se faz para utilizar o bloco, calcando um estilete sobre a superfície da cobertura; para apagar "é só levantar a folha de cobertura dupla da prancha de cera com um puxão leve pela parte inferior livre" (FREUD, 1976, p. 287-288). O psicanalista ressalta o fato de que, mesmo quando a folha superior fica limpa e pronta para receber outros escritos, mantêm-se traços da escrita anterior impressos no bloco de cera.

O que aqui me interessa é, retomando Derrida de forma simplificada, perceber o uso da palavra impressão, no sentido de deixar marcas. A antologia *Coração infantil* funciona como o estilete que calca sobre a superfície maleável do coração do estudante, terreno propício, os valores propostos pela educação naquele momento histórico. O texto impresso no papel vai se superpor ao texto dado como virgem da mente da criança, dando-lhe forma conveniente a um modelo educacional e, consequentemente, também, político.

Por tais razões, vale a pena tomar a própria coletânea como arquivo, suporte, elemento de exterioridade do ato de arquivar, marcado por uma técnica de consignação, constituição de uma instância e de um lugar de autoridade (cf. DERRIDA, 2001).

Como afirma Derrida, o arconte tem o poder de consignar, reunindo signos. "A consignação tende a coordenar um único 'corpus' em um sistema ou uma sincronia na qual todos os elementos articulam a unidade de uma configuração ideal" (2001, p. 22). Nesse sentido, analogicamente, pode-se ver o antologista, em seu ato de escolher o que fixar para ser usado na formação do leitor, como um arconte, que tem o controle e a competência hermenêutica, o poder de interpretar os arquivos. No entanto, se o arquivo é o penhor do futuro, tal poder de interpretação se divide, na medida em que outros podem abri-lo e, valendo-se da contradição que aí se instala, promover sua desconstrução. Por isso mesmo, interessa a leitura dessa antologia que formou parte de minha geração, para investigar vetores desse processo de formação.

São 50 textos, além dos "pontos de Ciências Naturais – Higiene, Geografia e História do Brasil" – distribuídos entre vários autores, com relevo para Coelho Neto, Alencar e Júlia Lopes de Almeida, que têm três textos cada um. Observe-se ainda a incidência de quatro conjuntos de "Pensamentos e provérbios", a confirmar o intuito pedagógico da coletânea em sua fixação de valores de sustentação político-social da nação, considerando que o provérbio é, por excelência, a linguagem estratificada, ratificadora de crenças difundidas no e pelo senso comum. Importa lembrar ainda que o provérbio é uma enunciação que, deslocada de suas bases, circula sem determinar quem o proferiu antes, tornando-se uma enunciação vicária, a ser adotada por quem a escuta ou lê.

No conjunto de provérbios presentes na antologia, vale ressaltar o reforço do valor do trabalho: "Madruga e verás, trabalha e terás"; "Imita a formiga, viverás sem fadiga"; "Mocidade ociosa não faz velhice proveitosa"; "Deus ajuda a quem trabalha"; a importância da previdência e da economia: "A perseverança tudo alcança"; "De grão em grão enche a galinha o papo"; "Guarda em moço, acharás em velho"; "Se a rico queres chegar, vai devagar"; "Remenda o teu pano, durar-te-á outro ano"; "Quem dá o que tem a pedir vem", "Quem compra o que não pode, vende o que não deve". Observe-se que, nos 11 provérbios aqui transcritos, há 10 verbos no imperativo, ao lado de outros no presente do indicativo, manifestando um tom sentencioso. Esse tom imperativo ou de conselho fica sem autor e, por isso mesmo, pode ser assumido por autores diversos: o organizador da antologia, o professor que a utiliza ou o próprio sistema educacional brasileiro. Não é sem razão que o pronome indeterminado "Quem" faz-se sujeito de várias máximas.

Outro valor reforçado é o das boas companhias: "Amigo que não presta e faca que não corta, que se percam pouco importa"; "Chega-te para os bons, serás um deles; chega-te para os maus, far-te-ás pior que eles"; "Dize-me com quem andas, dir-te-ei quem és"; "Não há pior desgraça para um homem bem criado, do que dever obrigações a um vilão ruim". A dicotomia bom/mau reforça a separação em grupos sociais, incitando o alijamento de elementos que possam "contaminar" a estirpe do cidadão honesto e útil à sociedade.

Ao lado da oposição bem e mal, a caridade cristã é tema de vários provérbios: "Quem dá aos pobres empresta a Deus"; "Faze o bem não olhes a quem..."; "O rico sem caridade é uma árvore que não dá fruto". Nota-se, pois, a fixação de valores de classe, "atenuados" pela importância da caridade. Assim, se o sentido da educação é acentuado: "A educação é a mais valiosa herança que os pais podem deixar aos filhos", outros ditos, paradoxalmente, desmentem esse sentido, marcando o peso da origem e do determinismo: "Quem torto nasce tarde ou nunca se endireita".

Os textos, pedagógicos, ressaltam os mesmos valores até aqui assinalados. O texto de abertura do livro *Os dois meninos*, de Coelho Neto, opõe dicotomicamente o menino rico, que não estuda, e o pobre que o faz. Anos mais tarde, enquanto aquele pede esmolas por ter perdido tudo, este exulta:

> – Ah! A fortuna que eu trago acumulada na cabeça, não a roubarão os ladrões, não a levarão as torrentes, porque as suas bases são mais fortes do que o granito e o mármore. Pobre menino do palácio de ouro! (p. 13)

A oposição de classes é sublimada com a inversão entre o lugar social do pobre e do rico, sem a possibilidade de se questionar o sistema que gera tais distorções ou os preconceitos daí advindos, seja contra o pobre, seja contra o rico.

No texto de José Rangel, "As boas maneiras", o conceito de educação confunde-se com o que é apregoado no título, dado como arma insuperável na arte da sedução e da conquista de pessoas e bens:

> A atitude digna, a maneira de vestir aprimorada, a expressão da fisionomia apropriada às circunstâncias; a ativa presença de espírito, a discreta e comunicativa alegria, a elegância da frase e da conversação, polidez e a amabilidade sem exagero, e outros atributos que denunciam esmerada educação e cuidado constante, em todos os gestos e atos, no tratar com os nossos semelhantes, assinalam as pessoas de inconfundível distinção e irresistível superioridade. (p. 19-20)

Pode-se perceber aí a força da aparência e da retórica nas relações humanas hierarquizadas, o que, aliás, se reforça a cada texto marcado pelo preciosismo do vocabulário. Tais pessoas, dadas como superiores, são comparadas ao sol, em torno do qual gravitam as outras. Não é sem razão que o texto use os verbos "atrair, seduzir, impor e dominar" para apontar as características desse tipo de gente, capaz de "os mais completos sucessos" (p. 20). Nesse sentido, vale consultar a seção "Vocabulário", observando a incidência de palavras ligadas ao mesmo contexto – "êxito, conquistar e condão", esta última tendo com sinônimo a palavra poder.

Permeados a esse tipo de texto, encontram-se aqueles relativos à família, principalmente os que louvam o amor filial, encarecendo a necessidade de se engrandecer a mãe como à pátria, sendo bom filho.

> Quando olho para minha mãe e penso que os seus braços débeis me sustiveram sempre sem desfalecimento, que nos seus seios suguei e hauri a força da vida que me anima, [...]
> (*Minha mãe*, Júlia Lopes de Almeida, p. 39)
> Beijo-te a mão, que sobre mim se espalma
> Para me abençoar e proteger,
> Teu puro amor o coração me acalma;
> Provo a doçura do teu bem querer.
> (*Minha mãe*, Martins Fontes, p. 173)

Tal relação mãe/filho é enfocada ainda em alegorias como "As jóias de Cornélia", ou "Amor recíproco das cegonhas", de Fr. Luís de Granada (p. 85), em que se amplia para o amor de Deus por seus filhos. A família, aí incluída a sagrada, ancorada na figura da mãe, é um dos sustentáculos da Pátria.

Nesse contexto, em que os valores a serem impressos no coração infantil são aqueles que perpetuarão a ordem social, mantendo inclusive sua elite no poder, instaura-se a ideia da pátria farta, cuja natureza harmônica a todos nutre. No texto "Fartura brasileira", de J. Marius, o vocabulário confirma tal estado: "a avalanche de clorofila", "a uberdade do solo", o "milharal de espigas gordas" garantem à "família do caboclo a sua canequinha de café". Aí a "chuva distribuía em toda a vasta mataria, montes e valados, a água fertilizante, para de novo a seiva se mudar em colheita abundante" (p. 64). A atmosfera paradisíaca repete-se no texto "O alvorecer", de Visconde de Taunay, que reitera a escolha da descrição para reforçar a harmonia da natureza abençoada. Tal estratégia se repete ainda no poema "O sol", de Washington de Oliveira, ou no texto "A nossa bandeira", de Júlia Lopes de Almeida, em que as cores da natureza desdobram-se no culto dos símbolos nacionais, reforçando a noção pedagógica de nação (cf. BHABHA, 1998):

> Verde, da cor dos mares e das florestas que embelezam nossa terra desde a serra de Roraima até a barra do Chuí; azul, como o céu infinito em que abre os braços lúcidos o Cruzeiro do Sul; dourada, como o sol que alegra o espaço e fecunda os campos, a nossa bandeira retrata nas suas cores as supremas maravilhas do universo. (p. 98)

Reforçam-se as imagens da terra fecunda, da mãe pródiga, do "pálio confraternizador sobre a cabeça de todos os brasileiros":

> Irmãos do norte! Irmãos do sul, amigos! Unamo-nos em torno da nossa bandeira, que os elos que nos ligam não se dessolvem nunca, para que seja grande a sua glória e poderosa a sua força. (p. 99)

Nessa lição, vale verificar também a seção do vocabulário; lá está a palavra "lúcidos", dada como sinônimo de resplandecentes, brilhantes, ao lado de termos como "fecunda", "confraternizador", "magnanimidade", "prestígio", "bonançoso", "elos". O texto seguinte é "Ama a tua terra", de Renato Travassos, em que, como no anterior, o leitor é conclamado, enquanto interlocutor do enunciador, a amar e defender a Pátria que encerra além de "beleza e glória", "outros bens, tesouros mil" (p. 102).

> Ama, depois de Deus, a tua Terra
> E, para defendê-la, sê viril.
> Ama, tanto na paz como na guerra,
> De norte a sul, de este a oeste, o Brasil. (p. 102)

A ideia é, pois, de união e fortaleza, extensão e grandeza. Paralelamente a isso, os pontos de geografia que se seguem a esses textos discorrem sobre as regiões brasileiras, alardeando suas riquezas. Da região sul, por exemplo, cita-se o café, o vinho, o algodão e outros produtos vegetais, além das riquezas minerais. Mencionam-se as grandes e prósperas cidades, com seus portos e aeroportos.

Pode-se observar, pois, que o conceito de literatura, incluindo a ideia da arte de bem escrever, liga-se ao nacionalismo em seu aspecto de "ufanismo patrioteiro", conforme mencionado por Antonio Candido:

> Quando minha geração estava na escola primária, a palavra "nacionalismo" tinha conotação diferente da de hoje. Nos livros de leitura e na orientação às famílias, correspondia em primeiro lugar a um orgulho patriótico de fundo militarista, nutrido de expulsão dos franceses, guerra holandesa e sobretudo do Paraguai. Em segundo lugar vinha a extraordinária grandeza do país, com o território imenso, o maior rio do mundo, as paisagens mais belas, a amenidade do clima. No Brasil não havia frios nem calores demasiados, a terra era invariavelmente fértil, oferecendo um campo fácil e amigo ao homem, generoso e trabalhador. Finalmente, não havia aqui preconceito de raça nem religião, todos viviam em fraternidade, sem lutas nem

violência e ninguém conhecia fome, pois só quem não quisesse trabalhar passaria necessidade. (1995, p. 13)

A história é outro elemento a dar sustentação a essa imagem de pátria a ser divulgada. Para isso, mostra-se a construção de monumentos e símbolos, como no caso do texto "O palácio do Ipiranga", em que se exalta a independência brasileira, "um monumento ao mesmo tempo soberbo e elegante, que bem pode ser citado como um dos mais notáveis da América do Sul" (p. 107). Tais símbolos sustentam outros episódios da história brasileira, ligados à criação de heróis que morrem pela pátria. Em "A guerra do Paraguai", de Visconde de Taunay, por exemplo, narra-se a grandeza do combatente Antônio João da Silva, que resiste bravamente ao cerco paraguaio.

> O comandante de Dourados rasgou em pedaços o ofício que preparara com tanto cuidado e carinho, e a lápis traçou esta resposta:
> "Sei que morro, mas o meu sangue e o de meus companheiros servirá de protesto solene contra a invasão do solo de minha pátria." (p. 179)

À narração de sua morte acopla-se a descrição da bandeira – "losango amarelo sobre fundo verde; cores que mandam um sorriso de consolo ao moribundo" –, agora enriquecida pelo sangue de mais um herói:

> Daí a pouco era arriada a bandeira da paliçada, mas ela desceu com ufania como bandeira de vitória, e, quando tocou o chão, uma das suas dobras foi se ensopar no sangue daqueles que tanto a haviam enobrecido.
> Parecia enrubescer de orgulho. (p. 180)

Ao lado do vermelho do sangue honrado dos brasileiros, descreve-se o vermelho "pernicioso" do uniforme dos paraguaios:

> Por todos os lados se abriam campos, imensos campos que já se iam tingindo de vermelho. Eram os paraguaios, cujas blusas cor de sangue vivo maculavam a verdejante relva. (p. 178)

A descrição, dicotômica, opõe o bem e o mal, fazendo distinta a cor vermelha relativa a cada um dos segmentos. O verde da bandeira pátria se suja com o vermelho dos invasores e se enaltece com o sangue dos seus patriotas. Nada se relativiza; contradições internas são aplainadas, tudo se resume na grandeza do herói a defender seu território. Nesse sentido, vale lembrar José Murilo de Carvalho (1999, p. 256), quando ressalta a importância da Guerra do Paraguai para a formação da imagem de nação sustentada pelo pensamento positivista brasileiro.

No mesmo conjunto de textos históricos, a narração da Independência do Brasil já enaltece o território e suas cores:

> Então D. Pedro encolerizado com isso e atendendo ao pedido de José Bonifácio para que tomasse a resolução que o país esperava, ali mesmo proferiu o célebre brado "Independência ou morte seja a nossa divisa; o verde e o amarelo sejam as nossas cores". Era o dia 7 de setembro de 1822. (p. 181)

Com símbolos e heróis se constrói a pátria em configurações reiterativas de sua grandeza geográfica e política.[1] Pedagogicamente forma-se o leitor/cidadão, de norte a sul do País. Dos Estados da federação contemplados como objeto dos textos antológicos, tem-se o gaúcho cuja coragem é exaltada em excerto do livro de mesmo nome de Alencar. Como o centauro, "ele e o cavalo formam um todo homogêneo, indivisível" para dominar o pampa brasileiro. A ideia

---

[1] A esse respeito, vale lembrar a força dos símbolos nacionais no Estado Novo, recorrendo a Maria Helena Capelato (1998, p. 46): "A bandeira brasileira e a figura de Vargas foram os símbolos mais explorados nas representações visuais do Estado Novo. Muito significativo é o cartaz onde se desenha o mapa do Brasil, colorido de verde, e, no centro a bandeira brasileira com a imagem de Vargas desenhada na esfera azul; ao lado, estão os dizeres "Fortes e unidos, os brasileiros do Estado Novo são guiados pela grande Trindade Nacional: Nossa Pátria, Nossa Bandeira, Nosso Chefe" (NOSSO SÉCULO, n. 23, p. 176). A referência à simbologia cristã da Santíssima Trindade é clara: a sacralização dos símbolos garante maior força à imagem, como bem mostrou Alcir Lenharo.

é de extensão, grandeza a ser aumentada na superação dos obstáculos e fronteiras. Ideia essa visualizada, por outro lado, na imagem de São Paulo em sua riqueza de metrópole acolhedora de habitantes de outras cidades ou em sua força desbravadora, evidenciada na ação dos bandeirantes. Américo Brasiliense enaltece os bandeirantes, e Edgar Proença confessa sua admiração de paraense pela pauliceia:

> Minhas simpatias pela Paulicéia datam de meus primeiros ensaios de plumitivo. Sempre ouvia dizer que a terra bandeirante era um orgulho nacional e constatei, mais uma vez, que, efetivamente, São Paulo é um orgulho legítimo de nosso país, realizando milagres que causam assombro a um filho do extremo norte. (p. 129)

Na descrição de São Paulo, inserem-se os edifícios representativos da nação, bem como os cidadãos "muito maiores do que pensamos".

> O espírito cívico do paulista se manifesta em todos os sentidos. Nos bondes há letreiros como este: "Engrandecer o Brasil é dever de todo brasileiro". Isso é simplesmente patriotismo, digno de ser mencionado. [...] Há, ainda, no que concerne ao carinhoso zelo do Governo, um fato que dispensa comentários, pela sua só eloqüência: para deleite da população infantil, estimulando-lhe o amor aos livros, percorrem as ruas, principalmente com estada nos parques e jardins públicos, carros-bibliotecas. São ônibus adequados a seu fim e que param em certos lugares atraindo a meninada pobre, a quem é franqueado o manuseio de livros instrutivos, de amena leitura, livros que vão inebriar deliciosamente os espíritos desabrochantes, iluminando-os. (p. 131-132)

Observe-se como o objetivo da antologia – "realizar os fins patrióticos" – é reiterado nos textos por ela acolhidos em um jogo de *mise-en-abyme*, a difundir a propaganda de valores nacionais. Nesse sentido, a figura do carro-biblioteca pode ser tomada como metáfora da própria antologia "Coração infantil", ela mesma preocupada em "inebriar deliciosamente os espíritos desabrochantes, iluminando-os". Não é sem razão que o interlocutor dos textos se faça representar, tanto nos provérbios como em poemas e narrativas, como um narratário, quase sempre, na formal segunda pessoa do singular, como alguém que é intimado a compartilhar as ideias aí veiculadas, para receber suas benesses.

Deus, Pátria, Família: três vetores da educação defendidos pela literatura brasileira veiculada em antologias de então, que, curiosamente, perpetuam o vetor nacionalista apontado por Antonio Candido nas antologias de sua geração, algumas décadas antes. Muita história foi escrita entre a publicação, em 1900, do livro *Por que me ufano de meu país*, de Afonso Celso, a que se refere o crítico brasileiro, como base da proposta que sustenta sua educação, e o tempo em que se dá minha formação de leitora.

A essa altura, outras formas de nacionalismo atravessam a cultura brasileira, como bem mostra Antonio Candido: a face mais pessimista percebida em Euclides da Cunha, e mais tarde em Monteiro Lobato, ou o nacionalismo crítico introduzido pela Semana de Arte Moderna de 1922. Acrescentaria a literatura de Graciliano Ramos ou a pintura de Portinari, nos anos de 1930 e 1940, a mostrar as entranhas da sociedade brasileira, na esperança de que se modificasse a ordem social injusta e excludente.

Pode-se perguntar, então, mesmo considerando outras correntes nacionalistas conservadoras,[2] por que permanecem as literaturas romântica e parnasiana em sua criação do mito fundador da nação,[3] reforçando tal mito e sua narrativa coesa e fechada, ainda que em aparente transformação. Nesse sentido, o ritual da educação reatualiza o mito em cada leitor que se forma, considerando que cada um será um pilar da nação que se expande. É, como bem o mostra Chauí, o Estado "dando consistência" à nação brasileira. (cf. 2000, p. 45).

---

[2] A corrente do verde-amarelismo modernista, por exemplo.

[3] A esse respeito, vale ver Chauí (2000) e Sommer (2004).

Diz a autora: "Ideologicamente, portanto, o Estado institui a nação sobre a base da ação criadora de Deus e da Natureza", mantendo "vivo o mito fundador do Brasil".

Mesmo que se considere o rescaldo da ditadura de Vargas e sua preocupação de controlar as aspirações populares, como aponta Antonio Candido, deve-se interrogar sobre a não opção por outros textos já publicados a essa época. Marisa Lajolo e Regina Zilberman ressaltam a fecundidade da década de 30 para a produção literária para criança no Brasil, referindo-se a, além de Lobato que publica desde o início da década anterior, autores como José Lins do Rego, Luís Jardim, Lúcio Cardoso e Graciliano Ramos com suas produções específicas para o mencionado público. Além destes, já publicavam Érico Veríssimo, Cecília Meireles e Henriqueta Lisboa, entre outros.

As mesmas autoras chamam atenção para a renovação no campo da educação nas décadas de 20 e 30, ressaltando o papel de Anísio Teixeira, Mário Casassanta e Francisco Campos. A respeito desse movimento, dizem:

> Opondo-se a um ensino destinado tão-somente à formação da elite, visavam a escolarização em massa da população. Discordavam da orientação ideológica em vigor; e, contrários à ênfase na cultura livresca e pouco prática, propunham um ensino voltado à difusão da tecnologia e com um conteúdo pragmático. Ao vago humanismo gerador de bacharéis ociosos e prolixos, contrapunham a necessidade do incremento à ciência e ao pensamento reflexivo, bem como o estímulo à atividade de pesquisa. Por último, sugeriam que essas tarefas fossem assumidas pelo Estado, a quem cabia a gerência e a centralização da educação, a fim de poder torná-la universal e homogênea. (1984, p. 50)

Por que, então, a escola não absorve nem mesmo a vertente popular ou folclórica de valorização das coisas brasileiras? Para responder a essa pergunta, é importante recorrer a Helena Bomeny, quando, discutindo o papel dos intelectuais na educação brasileira, fala da pressão pela educação democrática, laica, que atingisse os diversos segmentos sociais, já no final dos anos 40. Diz a autora:

> Os princípios democratizantes da educação presentes na Carta de 1946 inspiraram no então ministro da Educação, Clemente Mariani, o estudo e a proposta de um projeto geral da educação nacional feito por uma comissão de educadores constituída para este fim. (2001, p. 55)

Mas essa mesma autora ressalta que a lei 4024, a nova Lei de Diretrizes e Bases (LDB), resultante desse processo, entrou no Congresso em 1948, mas só foi votada em dezembro de 1961. A explicação para tal demora estaria na presença de Capanema no Congresso, o que inibiria a "reforma educativa assinada por ele ao longo de sua gestão como ministro" no governo Vargas.

Em Minas, no governo de Bias Fortes, Abgar Renault ocupava a Secretaria Estadual de Educação (31/01/56 a 13/03/59[4]), que comandava os programas de ensino de todo o Estado.[5]

Conclui-se por um descompasso entre os movimentos de renovação e a manutenção de uma tradição, que preserva as elites, difundindo seus valores, aí incluídos aquilo que é considerado a boa literatura, a capacidade de expressão linguística, não como bens a serem partilhados por todos, mas como meios de sedução e conquista de formas de poder. O espaço do coletivo, almejado e buscado na década seguinte, com a Pedagogia do Oprimido de Paulo Freire, os Movimentos Eclesiais de Base ou a Teologia da Libertação, não se concretiza, já que, como aponta Bomeny, o Golpe de 64 veio suspender a efervescência do "movimento pela educação" (que) "dava as mãos aos movimentos de cultura popular, e da pedagogia do oprimido", que "encontrava na defesa da escola pública seu suporte de maior apelo social" (p. 61).

---

[4] Informações obtidas no Programa de História Oral, do Centro de Referência do Professor – Secretaria Estadual de Educação.

[5] As provas parciais e finais eram enviadas pela Secretaria de Educação do Estado a todas as escolas, na capital e no interior.

A educação no Brasil não tem, pois, logrado alcançar seus objetivos expressos, mas tem alcançado, ironicamente, a manutenção de uma ordem social injusta, causa principal do sistema excludente, marcado pela violência. Não é sem razão que, nos muros de um colégio, religioso, em frente a minha casa, erige-se um *outdoor* em que se lê: "Eleja o colégio X para a vitória de seu filho". Esse filho está ali representado como um pequeno executivo, vestido de terno, gravata e colete, atrás de uma escrivaninha, falando ao telefone.

A tentativa de dar forma ao menino/pepino mantém a horta produtiva para alguns, enquanto a maioria, com a forma talhada, não colhe os frutos da terra-mãe, da "fartura brasileira".

Referências

BHABHA, Homi. *O local da cultura*. Tradução de Myriam Ávila *et al*. Belo Horizonte: Editora da UFMG, 1998.

BOMENY, Helena. *Os intelectuais da educação*. Rio de Janeiro: Jorge Zahar, 2001.

CANDIDO, Antonio. Uma palavra instável. In: *Folha de S. Paulo*, 27/08/1995, p. 13 (Caderno 5).

CAPELATO, Maria Helena R. *Multidões em cena: propaganda política no varguismo e no peronismo*. Campinas: Fapesp/Papirus, 1998.

CARVALHO, José Murilo. *Pontos e bordados: escritos de história e política*. Belo Horizonte: Editora da UFMG, 1998.

CHAUÍ, Marilena. *Brasil: mito fundador e sociedade autoritária*. São Paulo: Editora Fundação Perseu Abramo, 2000.

DERRIDA, Jacques. *Mal de arquivo: uma impressão freudiana*. Tradução de Cláudia de Moraes Rego. Rio de Janeiro: Relume-Dumará, 2001.

FREUD, Sigmund. Uma nota sobre o bloco mágico. *Edição standard brasileira das obras psicológicas completas de Sigmund Freud*. v. XIX. Rio de Janeiro: Imago, 1976, p.285-290.

LAJOLO, Marisa; ZILBERMAN, Regina. *Literatura infantil brasileira: história & histórias*. São Paulo: Ática, 1984.

PEIXOTO, Vicente. *Coração Infantil: quarto ano*. 22. ed. São Paulo: Melhoramentos, 1958.

SOMMER, Doris. *Ficções de fundação: os romances nacionais da América Latina*. Tradução de Gláucia Gonçalves e Eliana Lourenço Reis. Belo Horizonte: Editora da UFMG, 2004.

UNIVERSIDADE FEDERAL DO RIO GRANDE DO SUL. Projeto de Extensão *Memória da Cartilha*. Departamento de Ensino e Currículo, Programa de Pós-Graduação em Educação. Faculdade de Educação/ UFRGS. Disponível em: <http://www.ufrgs.br/faced/extensao/memoria>.

Os autores

ANNE-MARIE CHARTIER

Doutora em Educação. Professora e pesquisadora do Service d'Histoire de l'Éducacion/CNRS, INRP, Lion/França.
E-mail: chartier@inrp.fr

ANTÓNIO BRANCO

Doutor em Literatura. Professor associado em Didáctica da Língua e da Literatura da Faculdade de Ciências Humanas e Sociais da Universidade do Algarve. Coordenador e investigador do Centro de Estudos Linguísticos e Literários (CELL/UALG).
E-mail: abranco@ualg.pt

APARECIDA PAIVA

Doutora em Literatura Comparada. Professora da Faculdade de Educação da UFMG/Pesquisadora do GPELL/CEALE-FaE/UFMG.
E-mail: cida@fae.ufmg.br

ARACY ALVES MARTINS

Doutora em Educação. Professora da Faculdade de Educação da UFMG. Pesquisadora do GPELL/CEALE-FaE/UFMG.
E-mail: aracy.martins@terra.com.br

EGON DE OLIVEIRA RANGEL

Mestre em Linguística. Professor da PUC/SP. Coordenador do PNLEM 2005.
E-mail: erangel@uol.com.br

FRANCISCA MACIEL
> Doutora em Educação. Professora da Faculdade de Educação da UFMG. Pesquisadora do CEALE-FaE/UFMG. Pesquisadora do GEPHE-FaE/UFMG.
> *E-mail*: franciscai@fae.ufmg.br

GRAÇA PAULINO
> Doutora em Teoria Literária. Professora da Faculdade de Educação da UFMG. Pesquisadora do GPELL/CEALE-FaE/UFMG.
> *E-mail*: grpaulino@uaivip.com.br

HAQUIRA OSAKABE
> Doutor em Linguística. Professor aposentado e professor colaborador do Departamento de Teoria Literária da Unicamp (Literatura Portuguesa).
> *E-mail*: haquira.osakabe@uol.com.br

IVETE LARA CAMARGOS WALTY
> Doutora em Teoria Literária e Literatura Comparada, Professora da PUC Minas. Pesquisadora do CIPEL (Centro Interdisciplinar de Pesquisas em Linguagem).
> *E-mail*: iwalty@pucminas.br

MAGDA BECKER SOARES
> Livre docente. Professora Titular Emérita da Faculdade de Educação da UFMG. Pesquisadora fundadora do CEALE/FaE/UFMG.
> *E-mail*: mbecker.soares@terra.com.br

MARIA DE LOURDES DIONÍSIO
> Doutora em Educação. Professora do Instituto de Educação e Psicologia da Universidade do Minho, Braga/Portugal. Presidente da LITTERA (Associação Portuguesa para a Literacia). Representante de Portugal no Comité Europeu da International Reading Association (IDEC).
> *E-mail*: mldionisio@iep.uminho.pt

REGINA ZILBERMAN
Doutora em Romanística. Pesquisadora do Centro de Pesquisas Literárias da Pontifícia Universidade Católica do Rio Grande do Sul.
E-mail: reginaz@portoweb.com.br

ZÉLIA VERSIANI
Doutora em Educação. Professora da Faculdade de Letras da PUC Minas. Pesquisadora do CIPEL e do GPELL/CEALE/FaE/UFMG.
E-mail: zeliav@terra.com.br

Este livro foi composto com tipografia Gatineau e impresso
em papel Off Set 75 g/m² na Formato Artes Gráficas.